藍學堂

學習・奇趣・輕鬆讀

聯準會
到底在做什麼？

資深交易員第一手解析
中央銀行怎麼印錢、管錢、花錢，
又如何影響你我的口袋

Central Banking 101

王造 Joseph Wang——著　　唐祖蔭——譯

目次

｜第1部｜ 貨幣與銀行

| 第2部 | 市場

推薦序

值得一讀再讀的好書

林建甫

　　這是一本很好的貨幣銀行學參考書，從書名就可以知道是介紹聯準會。聯準會當然是美國的中央銀行，基於美元的國際實力，就等於是介紹全球最有影響力的中央銀行。聯準會的貨幣政策一出，任何資產的市場價值就跟著變動，全世界經濟運行的方向就隨之調整。所以說，全世界最有經濟影響力的機構就是美國聯準會。

　　經濟學是一門很新的科學。1776年，美國獨立的那一年，蘇格蘭經濟學家暨哲學家亞當・斯密的《國富論》（全名為《國民財富的性質和原因的研究》）才出版。這部著作也奠定了資本主義自由經濟的理論基礎，批判「重商主義」，解釋財富來源，提出了「市場經濟會由『看不見的手』自行調節」的理論。其實當時還屬於政治經濟學的框架，單獨的總體經濟思維都還未開始。到了1929年，華爾街大股災導致全球經濟大蕭條，甚至延續十年之久。凱因斯在1936年出版的重要著作《一般理論》（全名《就業、利息與貨幣的一般理論》），才發展出總體經濟

分析；隨後貨幣銀行學、金融學才逐步發展，成了總體經濟學重要的分支。

當人類經濟社會經歷了1970年代後的兩次石油危機、高通膨的經濟環境，本以為到了1990年代以後，人類對貨幣的控制已經相當得心應手，舉世都不該再有通膨。甚至2008年金融海嘯後，美國聯準會帶頭將利率降到近乎零，並實施非典型的貨幣政策：「量化寬鬆」救經濟，到2010年全世界的經濟就恢復得差不多，沒有通膨，更沒有延續像1929年的慘況；因此，2020年的新冠疫情，美國聯準會再次「量化寬鬆」救經濟。這次卻帶來嚴重的通膨，也導致美國聯準會之後的暴力升息。2022年3月起到該年底竟然升了17碼，2023年1、3、5、7月又再各上調1碼；導致到2023年7月，美國已經有五家中小銀行破產，全世界經濟都蒙上陰影，也讓2023年的疫後經濟反彈遠不如預期。

準此，讀者就可以知道貨幣政策的重要性。而全世界貨幣政策的領頭羊就是美國的聯準會。本書的目的就是要讓讀者容易了解中央銀行的設計及功能、金融市場運作，及全球貨幣體系的互動。與一般傳統教科書不同的是，它直接切入最新的現狀及熱門的議題，省卻歷史發展的冷知識及包袱。但也因為本書是教科書的參考書性質，可以反覆研讀，前後的關聯就可以更清楚。

書中分成三大部分。第一部「貨幣與銀行」，光看各章標題，就知道如何接軌全球，尤其介紹央行關注的金融商品，在境內、境外市場扮演的角色及運作，研讀後一定可以給讀者很好的最新背景知識。第二部「市場」則談利率、貨幣市場、資本市場，短短三章，把現在市場的運作

理論與實際介紹得非常透澈。最精采的是第三部「檢視聯準會」，先談貨幣政策的危機，再藉此來分析聯準會。這兩章談的細部問題，如聯準會民間化、控制殖利率曲線、新的架構，如果不是作者曾為聯準會的第一線交易員核心專家，就無法這麼深入的分析這些大問題。讀者研讀後相信可以受惠無窮。

很可惜的是，這本書的原文版是2021年1月出版，對後來的通膨及分配問題就沒有討論。然而所有的背景知識，這本書都有了很好的交代。後續的發展，讀者可以自行推敲玩味，來相互印證。

書中特別指出一個值得有識之士注意的論點。當初執行量化寬鬆的目的，本來是要降低長天期利率並推升通膨、活絡經濟。然而，就聯準會、日本央行、歐洲央行的表現來看，單靠大規模的量化寬鬆並不足以持續推升通膨。結果量化寬鬆最大的效果反而是推升了金融資產的價格，帶來嚴重貧富不均的悲劇，卻未必有效刺激經濟。在房價、股價、物價高漲的今天，如何善後，值得產官學界一起來努力。

本書作者王造（Joseph Wang）是牛津大學經濟學碩士、哥倫比亞大學法學博士，現任Monetary Macro公司首席投資長。因為他曾在紐約聯邦準備銀行公開市場交易室擔任資深交易員長達五年，負責公開市場操作及研究金融系統的內部運作，因此可以寫出很多內幕級的消息，這不是一般報章雜誌可以看到的。譯者唐祖蔭是台大財務金融碩士，後又到美國紐約哥倫比亞大學取得統計碩士，在國內是傑出的基金經理人、投資銀行界的專家。我曾跟他有多次的同台，對於他的理論與實務經驗相當的佩服。更難能可貴的是，他好學不倦，在公餘之時就曾經翻譯多本

膾炙人口的財經書籍，廣受好評。這次選定本書，也是在極短的時間就翻譯完畢。他信雅達的翻譯功力，相信本書也讓讀者很容易上手，細讀後一定可以收穫滿滿。

（本文作者為中信金控首席經濟學家、中信金融管理學院講座教授、台大經濟系名譽教授）

推薦序

聯準會是神秘殿堂，你想進來嗎？

吳嘉隆

在金融市場打滾的人都知道，美國的貨幣政策是驅動各種金融交易最關鍵的變數。然而，要搞懂美國的貨幣政策，當然就要搞懂聯準會的運作，而這恰恰是本書的主題。

美國聯準會是一座神秘的殿堂，貨幣政策要往哪裡走，很多華爾街的專家與分析師也看不懂，於是大家都企圖揭開這道神秘的面紗。

美國聯準會是全世界最重要的中央銀行，也是操作水準最高的中央銀行，在我看，聯準會在示範中央銀行學以及推動貨幣政策創新等許多方面，足以讓歐洲央行、英格蘭銀行與日本央行來觀摩與學習。

美國聯準會有十二個地區分行，其中只有紐約分行的總裁在利率會議當中自動擁有投票權，因為紐約分行要執行利率會議的決策；其他十一個地區分行的總裁則是輪流擁有投票權。本書作者王造曾經在紐約分行的交易室任職五年，實際參與貨幣政策的執行。從這個特殊的經驗出發，作者想把親身觀察分享讀者。

　　本書一開始就先讓你對中央銀行業務有一個初步的認識。首先要認識什麼是貨幣，再來是銀行還有影子銀行；接著是認識金融市場的結構，包括美國境外的美元市場以及債券市場。最後，當然就是聯準會本身，從政策目標到政策工具，再到各種政策工具的運用。

　　本書到這裡告一段落，精采之餘，讓人有意猶未盡的感覺，也就為未來這方面的討論留下許多空間。

　　說到底，貨幣政策的背後，有許多經濟數據的解讀，更有許多總體經濟的邏輯，以及過去貨幣政策得來的經驗與教訓。在這裡，以本書為基礎，我來做一些補充。

　　最早先，中央銀行的政策目標就是對付通膨，要維持物價的穩定。後來人們發現，雖然有些因素會讓物價走高，但是這樣的物價上漲是暫時、一次性的，反應過之後就沒事了。

　　所以，貨幣政策所關心的並不是物價上漲本身，而是物價上漲有沒有持續性，後者才構成通膨壓力。例如，關稅的調高會讓某些進口物價上漲，但屬於一次性的，不會造成物價的持續上升。

　　會造成通膨壓力的主要是工資，更微妙的是，工資既是成本，也是購買力，所以工資的持續上升會推動通膨的持續走高。於是，貨幣政策開始關心就業市場數據，其中最核心的變數，當然就是薪資成長率。

　　平常時期，聯準會就在通膨與失業之間做取捨，如果要壓下通膨，可能必須讓失業上升，來壓下薪資的增長；如果要刺激就業，可能要忍受一下通膨的暫時走高。

　　目前我們看到美國聯準會在走貨幣緊縮路線，升息是為了要壓下通

膨，所以聯準會已有心理準備，會看到失業的上升，甚至於會出現經濟衰退。但是為了對抗通膨，聯準會不惜付出這樣的代價，關鍵是，只有先打下通膨，任何經濟刺激才會有效，否則只是在支撐通膨持續下去而已。

　　為了進入總體經濟的殿堂，讀者應該要先認識聯準會的基本操作，這本書就是很好的入門，幫助你逐步揭開聯準會的神秘面紗。

（本書作者為總體經濟學家、資深政經評論家）

譯　序

　　「聯準會」三個字過去三年間不時占據新聞版面，無論是金融從業人員或是一般投資大眾，應該多少都知道它是何方神聖。很多時候，大家對聯準會的關注度，甚至比自己國家的中央銀行還要高。尤其是過去三年間，從新冠疫情爆發時自由落體式的降息以刺激當時已經窒息的經濟，到去年（2022年）至今因打擊通膨出現暴力式升息21碼（5.25％）。我想這樣短期內利率大升大降的情境應該很少見，我們都成了歷史的見證人。

　　事實上，聯準會一直都是新聞焦點，位居政策中心，並引導金融市場情緒。單從近四十年的期間來看，保羅‧沃克（Paul A. Volcker）在1980年代打擊惡性通膨，將利率在一年半之間從10％左右直線拉到近20％；1990年代開始艾倫‧葛林斯潘（Alan Greenspan）引導利率下跌，在網路出現泡沫時提出「非理性繁榮」（Irrational Exuberance）一詞；到2008年9月金融海嘯爆發前，柏南克（Ben S. Bernanke）光是處理貝爾斯登和二房[①]的手法就已經令當時市場瞠目結舌之外（從現在的眼光來看只是剛好而已），還包括快刀斬亂麻其他規模較小的次貸機構和地區性銀行（有誰還記得全國金融公司〔Countrywide Financial Corp.〕和華盛頓

---

① 房利美（Fannie Mae, FNMA-US）、房地美（Freddie Mac），詳見第3章。

互惠銀行〔Washington Mutual Saving Bank〕？）讓聯準會的決策能力發揮得淋漓盡致（當然聯邦存款保險公司和財政部也出了不少力）。雷曼兄弟崩塌後全球金融市場一片狼藉，聯準會攜手財政部，成為一系列「字母湯」式救市措施的重要推手，對商業銀行、房貸機構、貨幣市場、貼現窗口、外國央行大開量化寬鬆之門。其中許多措施到了2020年新冠疫情期間再度拿出來運用，甚至變本加厲直接投資公司債市場（儘管真正買進的數量不多），並且一度考慮殖利率曲線控制（YCC）。直到今天，每六週的聯邦公開市場委員會（FOMC）依舊是全球矚目的焦點，升息或不升息的消息依舊深深影響市場情緒。鮑威爾（Jeremy Powell）的記者會是現場直播，會後聲明更被全世界經濟分析師用顯微鏡檢視，推敲前後字句的細微差異，藉以找出未來聯準會貨幣政策方向的任何蛛絲馬跡。

聯準會的影響力，在金融市場上從間接控制變成直接操縱、在利率曲線上從短期延伸到長期、在地理區域上從國內延伸到全球。

過去很長一段時間裡，聯準會是用利率作為達成兩大項職責（充分就業及穩定物價）的政策工具。但自金融海嘯開始，聯準會把利率壓到極低，殖利率曲線壓到極平，利率的功能早被扭曲，量化寬鬆開始取代利率成為貨幣政策的主軸，並且延續十多年成為貨幣銀行顯學。量化寬鬆是將政府公債轉換為銀行存款和準備金的過程，也就是所謂的政府債務貨幣化（本書第9章）。不過其最大的效果是推升了金融資產的價格，卻未必有效刺激經濟。其實多低的「自然失業率」才表示充分就業本來就沒有定數，2012年起設定的2%通膨目標如今看來越來越不可及。持有政府公債型式的貨幣後來實證並沒有太多流入實體經濟中，反而因為

金融資產價格被推升助長了投機。自去年至今的物價高漲和不對等的超低失業率，恐怕是量化寬鬆對於聯準會兩大職責的反諷。

回到這本《聯準會到底在做什麼？》，本書談到許多過去十多年間發生的金融危機與流動性問題，包括投資銀行的破產、大型貨幣基金「儲備初級基金」投資雷曼兄弟公司債導致淨值跌破一美元、新冠疫情爆發期間公債基差交易失靈、「美國家庭房貸」申請破產保護導致資產抵押商業本票（ABCP）崩盤（本書第3章）。綜觀這些不同原因導致的金融市場震盪，雖然標的不同、影響的市場不同，甚至許多產品名稱在事情爆發前大多數人沒有聽過，但最初的源頭都是來自金融機構在操作時大量運用「借短支長」的特性，在「正常」情況下，短期利率低於長期利率是常態。因此，借成本較低的短期資金並且持續展延，把資金放在賺長期利率的資產，成為必然的獲利方程式。商業銀行有存款保險、中央銀行作後盾；影子銀行則是用金融操作，像是提存擔保品、進行信用風險交換以獲得保護。當層層疊加的保障機制當中有一個環節出現流動性斷裂，就足以引發難以想像的風暴。這種「借短支長」的特性是金融體系天生具備的，也是金融業賴以維生的本事，不太可能因為避免下一個金融風暴就棄而不用。因此，儘管金融海嘯後大幅精進商業銀行和投資銀行的風險管理規範，中央銀行的因應動作也及時且精準；只要金融業「借短支長」的特性存在，流動性危機仍有可能在某個不起眼的陰影之下再度出現。

流動性斷裂最容易發生在短期借貸的貨幣市場，這也是本書花了不少篇幅在談的部分。中央銀行是印鈔票的單位，貨幣市場又是最接近

現金的市場，央行的政策變化往往首當其衝的就是短期資金的流動。不過，作者又稱貨幣市場是個「非常重要，但也最被人忽視的市場」，也著實花了一整個章節在談這個產品（本書第6章）。仔細想想也真有道理，以筆者過去長期服務的資產管理業為例，貨幣市場基金的規模通常很大，往往都是數百億起算。不過從產品的重要性而言，貨幣市場基金通常無法跟其他看得到績效增長、投資主題夠熱的股票或債券型基金相比。原因有二，其一是話題性不足：其他類型的基金可以強調投資產業不同、曝險國家不同、配置比重差異，或是操盤經理人的風格特色等，讓客戶可以依其需求選擇或搭配；如果績效夠佳或規模夠大，還能成為公司的旗艦商品。其二是獲利性不足：貨幣市場基金雖然規模龐大，動輒數百億，但因為操作方式單一，風險性低，產品同質性高，不強調投資策略的差異，因此管理費率也低，大約只有5至12個基本點（1個基本點＝0.01％），和其他股債型基金平均1至2％相比相差甚遠。一檔50億的股票型基金對公司管理費收入的貢獻，並不低於一檔500至800億的貨幣市場基金。因此，貨幣市場基金在資產管理公司的產品組合中一定會有，但不會端上檯面主打熱賣，也不會是公司旗艦的代表。大家都知道貨幣市場基金是必要的，是客戶暫時停泊資金的去處，但它似乎又沒有那麼重要。

　　不過，這一切在面對流動性斷裂時就全然改觀。筆者在2008年及2020年間兩次「百年難得一見」的金融危機均躬逢其盛。親眼見到當貨幣市場失靈，市場流動性不足，短期利率飆高時，金融資產便如骨牌般一一倒下，價格有如跳樓大拍賣。2008年金融風暴的核心是次級房貸，

以及以此為擔保的各式衍生性有毒資產崩盤。筆者當時服務的資產管理公司中，有一檔高品質的不動產抵押證券基金，包括二房的不動產抵押貸款證券（MBS）、不動產投資信託（REITs），等。2008年3月，著名的貝爾斯登（Bear Stearns）投資銀行破產，大量抵押保證證券（CMO）乏人問津，導致貨幣市場開始出現流動性枯竭。於是大量房地產抵押證券被大量拋售求現，價格直線下降。該檔沒有任何次級房貸或結構性商品的優質不動產抵押基金，淨值也從3月中旬到4月底的短短40天暴跌42%，淨值減損加上客戶贖回，基金規模從近30億萎縮至不到2億，最後只有以清算作終。

上面的例子只是當年眾多資產因為金融市場缺少流動性而倒下的案例之一，更大更廣的例子何其多！本書提到在流動性不足，「借短支長」的調度失靈時，公債、公司債、抵押證券、股票……等價格會在瞬間崩潰，規模再大的基金也承受不了缺乏流動性的後果。連貝爾斯登、美林、AIG、雷曼、房利美、房地美都轟然倒下，貨幣市場代表資金流動性何其重要！「歷史上只要貨幣市場出問題，總會引發資產大甩賣，最後爆發金融危機」（本書第6章），誠哉斯言。

即使銀行業的現金流動性有足夠的保護，也不能因此高枕無憂。聯準會暴力升息，導致2022年7月開始出現短期利率高於長期利率的「倒掛」現象，三個月、六個月的公債利率高於五年、十年、甚至三十年的利率，直到本文截稿的2023年7月，一年之後倒掛仍在，甚至更加嚴重。在短期借款成本高的情形下，銀行如何從中用「借短支長」的方式賺利差？本書藉由觀察殖利率曲線的斜率，特別是三個月和十年公債之

間的利差來評估銀行獲利狀況（本書第4章）。這種殖利率倒掛的現象，除了表示經濟前景黯淡、衰退的可能性大增之外，銀行業的獲利能力恐怕也充滿變數。本書翻譯之時，美國發生了「矽谷銀行」（Silicon Valley Bank）無法支應存款大戶（創投、新創公司）大量提領存款被迫認賠出售債券部位的事件，接著是「第一共和銀行」（First Republic Bank）。前者以倒閉被收購收場，後者在動用美國十一家銀行聯合提供300億美元的資金保證後，終究不敵超過千億美元的存款流失，最後被摩根大通銀行收購作終。還有受到加密貨幣崩跌與FTX破產影響的「標誌銀行」（Signature Bank）和「銀門銀行」（Silvergate Bank），分別被收購和被存保公司接管。5月之後輪到西太平洋銀行（WestPac Bankcorp）、西方聯合銀行（Western Alliance Bankcorp）陸續被點名，後續發展還待觀察。財政部在3月危機發生時，動用外匯調節基金提供存款提領的足額保證，放寬存保公司的25萬美元保險上限；聯準會開放銀行可用公債面額貼現，貼現窗口短短一週暴增將近1,500億美元，另外提高與外國央行的換匯交易頻率，從一週縮為一日，外國央行只要有需求立刻可以獲得美元。經過將近3,000億美元流動性的挹注，銀行體系只可謂稍有喘息，仍未能脫離險境，而且因為銀行業普遍提高放款標準，資金更緊，占區域銀行大宗的不動產放款也面臨了價值減損、壞帳比例上升的風險，經濟衰退的機率增加。

　　這些發生危機的銀行存放款集中在少數產業或類型的客戶，疊加資產負債期間錯配所導致的流動性危機可說前所未見。不過類似這種利用零利率環境大量吸收存款，投資在中長期高息資產以賺取利差的銀行

恐怕不在少數，尤其是中小型銀行更有誘因挺而走險。只不過正值聯準會收緊資金、打擊通膨之際，不太可能大幅提高整體金融市場的流動性。只能盡可能將問題限制在銀行體系內，端出銀行間流動性解決連環爆的銀行危機。新公布的「銀行定期融資計畫」（Bank Term Funding Program），允許金融機構用美債、機構債、不動產抵押貸款證券或其他符合資格的資產作為擔保品來取得資金，忽略這些證券的帳面損失，就是這種思維下的產物。雖然不得不承認聯準會在政策上兼具細膩與彈性，讓銀行的流動性問題得以解套；但美國政府在經過2008年紓困「大到不能倒」的投資銀行後，還有多少能耐去扛下這次為數眾多的區域銀行？又或者有多少家像摩根大通這類「位居要津」的銀行能夠一一吃下這些存款流失、資不抵債的銀行？更值得討論的是，銀行業「借短支長」不是第一天，升息造成債券投資的帳面虧損更可以預期。但聯邦金融機構檢查委員會怎麼沒有在該銀行每季公布的營運及財務報告（call report）或 H.8 週報中看出不對勁？（本書第 2 章）

這讓我想起《穀倉效應》一書中，有關瑞士銀行（UBS）和英國央行的例子：

在次貸危機前，瑞銀內部各據點各自獨立，自負盈虧，看似風險分散，提高效率，但因為互不隸屬及訊息不通，導致當位於倫敦的團隊集團自豪手中沒有美國的「有毒資產」，可以安穩度過房市下跌危機的同時，卻不知位於紐約的團隊竟是滿手次級房貸的部位，最終讓整個集團損失慘重。

英國央行在次貸危機前，因為組織調整，將「經濟研究」和「金融

市場」劃分開來，彼此互不往來、涇渭分明，結果當金融市場人員發現影子銀行已經長成27兆美元的巨獸、風險一觸即發時，經濟研究人員卻因為經濟層面看不到這類資金的分類，而沉浸在「低通膨、低失業率、高經濟成長」的喜悅，政策失靈下無法抑制泡沫繼續膨脹。直到影子銀行泡沫破滅，金融市場大亂，央行主政的經濟學家們措手不及。後來英女皇伊莉莎白二世在聽完次貸風暴的來龍去脈後問了一句：「如果問題這麼嚴重，怎麼沒人發現？」真是大哉問！

　　所有的反省和改進都是為了處理眼下的危機。銀行因為持有品質不良的資產而倒閉，就要求銀行持有高品質的資產；大到不能倒的銀行差點毀了金融體系，就要求對大型銀行進行更多、更頻繁的監管和查核；投資銀行的各式產品互相連結，一旦斷鏈造成連鎖反應無法控制，就把投資銀行和商業銀行一分為二。然而，控制了銀行資產的信用風險（credit risk）和業務範圍，期間風險（term risk）和客戶集中度的問題悄悄從另一頭冒了出來；大銀行看似風險可控，卻沒想到危機來自中小型的區域銀行。在本文寫作的當下（2023年7月），監管機關開始強調區域銀行的資產風險、客戶分散和壓力測試。「探照燈」再度瞄準眼前的危機，只是任何看似完美的制度，都有可能在某個時點和地點破功，原因不外乎：利益之所趨，人即嚮往之。不知下一個風險又會在探照燈外的某個陰影中萌芽。或許是已經貨幣化的公債，也或許是購買力已經大幅貶值的貨幣。

　　最後，本書寫作之時空背景，與當今已有所不同，我們看待事情的角落也要有所改變：

　　本書寫作之時（2020年前後）正值另一輪超級量化寬鬆大行其道，全球經濟剛從新冠疫情肆虐和中美貿易戰的煙硝中稍稍喘息。當時全球仍籠罩在一片經濟下行，需要採取「現代貨幣理論」（MMT）—— 也就是利用央行將債務貨幣化的手段，向市場注入資金。然而時至今日，經過2022年一輪猛力升息打擊通膨的過程後，已經沒有人再提量化寬鬆和負利率，取而代之的是自2008年瘋狂印鈔以來，終於出現的後遺症（在此之前物價多次蠢動，但後來又被低迷的經濟情勢掩蓋）。連通縮超過二十年的日本，都開始考慮調整無限寬鬆的貨幣政策，顯示全球貨幣已經進入了一個截然不同的時代。如今，包括聯準會在內的各國央行，正在進行一場「抗通膨、顧就業、防衰退」的任務。與本書的背景已經不同。

　　另一個與本書寫作時已不相同的情況是，股市的投資風格改變。本書以被動式投資（主要是退休金帳戶）持續流入追蹤主要指數如標普五百（S&P 500），推升大型權值股的觀點，認為尋找低股價—淨值比的價值型投資已失靈（本書第7章）。筆者認為，被動式投資如指數基金、ETF等的確是推升大型股的主因之一，而過去幾年科技及成長股是股市的主流，主動式投資大量投入，被動式投資也就順水推舟跟進，也造就本書作者看到的大型成長權值股的超強表現。但就是因為其被動投資沒有任何選股或主觀的意見，因此只要投資風向改變，從成長股轉向到評價夠低的安全性股票時，被動式投資也就跟進推升。2022年就是最明顯的反證。當通膨高升、地緣政治風險、央行暴力升息，澆熄了成長股高評價的泡沫後，過去被閒置的傳統產業低評價股票，開始反應其

基本面轉機和價值面夠低的特性，如能源、零售、公用事業、商品原物料、國防軍工等。2022年表現最佳的產業即是能源類股，最差的就是高科技及半導體股。許多被動式投資也不得不跟著棄科技成長股，轉進所謂的價值股。2023年上半年，市場情緒似乎又回到大型成長科技股身上，FAAMG[2] 今年1至6月平均大漲63.7%，而標普五百指數「僅」漲了15.8%，這還沒有計算今年漲幅超過一倍以上的輝達（Nvidia）和特斯拉（Tesla），表示標普五百剩下超過490檔股票今年以來只漲了不到5%。價值型投資再度失靈了嗎？恐怕未必，市場情緒是波動的，被動式投資只會跟著市場情緒的結果走。在現今太多非經濟因素的干擾下，今年被動式投資推升權值股，明年就可能成為大賣權值股的要角。作者對被動式投資的「被動」定義恐怕要再斟酌。

　　最後，本書末章提到了現代貨幣理論，也談了作者對於該理論的想法（本書第9章）。在完美的世界中，人們都無私地為了整體經濟成長而努力，政府赤字是為了促進經濟發展，人們消費和投資的目的，公利大於私利，並且相信政府的花錢適得其所。如果真是這樣，政府當然可以無限制印鈔，把錢花在刀口上，負債和課稅是拿來控制通膨。可惜的是，歷史上從來沒有這麼美好過，人文科學的迷人之處，就是在一切按照既定程序走的時候，就會有人發現可以從中拿一點小利，既無傷大雅，也不影響大局；政府官員多負點債，可以維持自己的地位和權力，對整體也沒有太大的傷害，只是沒有人能告訴大家臨界點在哪兒。個人

---

② 指Meta（Facebook）、Apple、Amazon、Microsoft、Google五檔大型成長權值股。

的蠅頭小利、官員的小小私心，匯聚起來就成了撼動全世界的大災難。鬱金香狂熱如此、鐵路風潮如此、儲貸危機如此、次貸風暴如此、全世界現在面臨四十多年來最大的通膨，加上銀行危機，何嘗不是如此？

唐祖蔭

2023年7月

前　言

　　我曾夢想從事金融業，但可惜的是，這個夢想是在我從哥倫比亞大學法學院畢業後，目睹全球金融市場大崩潰時才成形。當時我坐在辦公室，反覆將一份二百多頁的放款合約讀了四遍後，突然間發現周遭的世界已然改變。道瓊指數一天之內跌幾個百分點，大型金融機構居然會不支倒地，迫使聯準會（Fed）史無前例大開印鈔機。當時的我完全不了解接下來會怎樣，但這太震撼了，我一定要弄明白到底發生了什麼事。

　　我曾向各個金融機構投了上百封履歷，但當時全世界剛從危機中稍稍復原，找工作可不是一件容易的事。每個職缺都有堆積如山的履歷在排隊，他們多半是剛被裁掉的銀行家和交易員（還有一缸子想要逃離原本極為乏味工作的律師）。最終我選擇回到學校，在牛津大學讀經濟碩士，作為轉往金融服務業的橋梁。所幸我在大學時曾修過數學和經濟學的相關課程，這樣的轉換也不算太突兀。畢業後短暫做了一段時間的信貸分析師，最終找到一份金融業正職，在紐約聯邦準備銀行的公開交易市場（Open Market Desk）做交易員。

　　在公開交易市場的那段期間，我得以從旁觀察整個金融體系是如何運作。公開交易市場有兩個非常重要的任務：將**市場訊息有效傳遞**給政策制定者，以及**執行公開市場操作**。

　　有效傳遞市場訊息的意思是，和市場的參與者直接溝通，知道他

們怎麼看當下的市場狀況。公開交易市場例行和每個主要交易商進行對話，從著名投資銀行、財星五百大企業的債券交易員，到大型避險基金都是。此外，公開交易市場也能看到聯準會依法收集的海量機密資料。上述實質性的對話和數據資料能使公開交易市場搶先一步了解金融市場的全貌。

執行公開市場操作則是實施聯邦公開市場委員（Federal Open Market Committee，簡稱 FOMC）所決議的貨幣政策，像是大規模的資產購買以及換匯交易。2008 年和 2020 年的金融恐慌席捲全球，最終在公開交易市場介入操作後得以平息。所謂的公開市場操作，基本上就是印鈔，有時候是大量印鈔。

由於這份工作，我得以利用大量時間，在公開交易市場當中學習到貨幣市場，甚至更廣泛的金融體系知識。我常和朋友提到，即使是經驗豐富的專業人士，也未必全盤認知貨幣體系的運作方式。例如：2008 年聯準會突襲式宣布量化寬鬆（QE）政策，幾乎所有投資機構都一片譁然。金價一飛沖天到歷史新高，投資人預期惡性通貨膨脹（hyperinflation）即將到來。但最後就算是溫和的通貨膨脹也沒出現。

這樣的迷思其實可以理解，中央銀行是一部運作極為複雜的機器。內部充斥著彼此扞格的意見 —— 即使都是來自所謂的專家學者。如果不是曾在公開交易市場工作，我對於貨幣市場的概念恐怕還是一知半解。當年我在法學院的辦公室裡，自認為對於量化寬鬆和聯準會的工作相當了解，現在想想也不過是將網路上看起來言之有物的文章和部落格拼湊起來而已。然而當時能找的都找了。

　　本書旨在介紹中央銀行的基本功能，以及概括金融市場。對於已有金融市場概念的讀者，本書一些特殊章節也提供了較深度的介紹。捫心自問，當年我踏入金融市場時，如果有一本像這樣介紹貨幣和金融市場的書籍該有多好。

　　我希望讀者能從中發現趣味並有所收穫。

　　附帶一提：本書觀點來自我本人，並不代表紐約聯邦準備銀行或聯準會。

第1部

貨幣與銀行

第 1 章
貨幣的種類

　　什麼是貨幣？一提到貨幣，多數人想到的是那些政府發行、一張張長方形印著歷史人物的鈔票，也稱為法定貨幣。儘管這是大多數人認知的貨幣，但這只是現代金融體系中的一小部分而已，只要想想現在每個人的錢包裡有多少現金就行。多數人每個月的薪水是直接匯到自己的銀行戶頭，很多時候也是用電子支付的方式花掉。銀行帳戶裡的數字是銀行存款，那是另一種形式的貨幣，是由商業銀行創造出來的，跟政府沒什麼關係。人們認知的貨幣，其實絕大部分指的是銀行存款。

　　實務上，只要在銀行櫃台或自動提款機前就能把銀行存款領出來，拿到的是政府印的、白花花的鈔票。不過，銀行存款和鈔票其實並不相同。銀行存款是銀行「欠」你的錢，如果銀行倒閉，這些錢就一文不值。一張百元鈔票則是聯準會[1] 發行，代表一部分美國政府。只要美國

---

① 譯註：美國為聯邦政府體系，其中央銀行是由聯邦形式組成，正式名稱為聯邦準備系統（Federal Reserve System，簡稱 Fed），分為三大部分：聯邦準備理事會、聯邦公開市場委員會、聯邦準備銀行，另外還有三大諮詢委員會以及三千家會員行。中譯「聯準會」其實指的是聯邦準備理事會，不過由於該理事會是整個聯邦準備系統的決策核心，因此「聯準會」也成為整個系統的代名詞。本書有時因應需要，分別有聯準會或中央銀行的稱謂，如果沒有特別註明，指的是同一個機構。

政府還存在，這張百元鈔就還有價值。銀行存款的數字比印出來的鈔票數量多得多，因此理論上如果每個人都去銀行把存款領出來，銀行根本拿不出足夠的現金來應付。不過這在現實生活不太可能發生，因為人們認為把錢存在銀行很安全。以美國來說，美國政府成立聯邦存款保險公司（FDIC）②，提供每個帳戶25萬美元的存款保險。因此對多數人而言，銀行存款就跟法定貨幣一樣安全。

第三種類型的貨幣是中央銀行準備，這是一種由聯準會發行，只能由商業銀行持有的特殊貨幣③。觀念上就像前面一般存款戶在商業銀行存款，銀行「欠」你的錢一樣，中央銀行準備就是聯準會的欠條，對象是商業銀行。從商業銀行的角度，貨幣和銀行準備是可以互換的。只要通知聯準會一聲，銀行就能把放在中央銀行的準備換成法定貨幣提出來。商業銀行領出1,000美元的現金，在聯準會的帳戶就少1,000美元。商業銀行間可以運用彼此在聯準會的準備帳戶間轉換，只要在聯準會有帳戶的任何機構都可以這麼做，其餘的支付則是用現金或銀行存款的方式。

貨幣的最後一種形式是政府公債。這也是一種會付利息的貨幣。公債和法定貨幣、中央銀行準備一樣都是美國政府發行，可以在市場上賣

---

② 譯註：聯邦存款保險公司，英文全名為Federal Deposit Insurance Corporation，簡稱FDIC，成立於1933年。保護存款者免於遭受銀行破產而產生的損失。

③ 商業銀行占有絕大部分的聯邦準備，也有其他機構能在聯準會有戶頭。包括政府擔保企業（GSE），像是房利美（Fannie Mae），證券清算行如芝加哥商品交易所（CME），信用合作社以及美國財政部。

給商業銀行，或是用抵押借款的方式轉換成銀行存款。就算你是大型機構投資人，或是身價數億美元的超級富豪，但只要不是銀行，就無法在中央銀行有個準備金帳戶。你也不太可能把名下龐大的資產全部存到商業銀行，因為金額遠超出存款保險的上限；當然更不可能笨到把錢放在家裡。這個時候，公債就是你的貨幣。

四種形式的貨幣

貨幣的形式	發行者	擁有者	規模
法定貨幣	美國政府	一般民眾	2兆美元
銀行存款	商業銀行	一般民眾	15.5兆美元（僅美國國內）
中央銀行準備	美國政府	商業銀行	3兆美元
公債	美國政府	一般民眾	20兆美元

資料來源：聯準會資產負債表（H8）、美國財政部，截至2020年6月

在一個正常有效率的金融體系中，各種型態的貨幣可以彼此自由轉換。如果這個轉換機制因故失靈，金融體系就會陷入極大的麻煩。在本書後面幾個部分，我們將討論每一種貨幣的特性，以及舉例說明當轉換功能失靈時會出什麼亂子。

中央銀行的準備

中央銀行的準備源自於中央銀行購買金融資產或增加放款。中央銀

資產負債表快速入門

資產負債表提供了銀行的資產（Assets）和負債（Liabilities）的概況。它採用的是複式簿記（double-entry bookkeeping）法：任何一筆資產的背後，一定會有對等的負債，用以表示該資產的資金來源。銀行資產是銀行所擁有的放款和有價證券，這些都能產生現金流，負債則是銀行最終要償還的部分，像存款或發債。每天銀行都必須確保總資產等於總負債加上股東權益，也就是說，銀行資產的取得，背後不是股東出資（股東權益），就是從其他人手中借來的錢（負債）。

資產負債表是了解一家銀行狀況的好方法。每家銀行的起頭都是一群投資人集資取得股權（這是記錄在負債端），轉換成中央銀行準備和現金（記錄在資產端）。隨後銀行可以經由吸收存款（這是債務）來增加準備和現金（資產），擴大銀行的資產負債規模。例如，銀行對企業放款1,000美元，產生了1,000美元的放款資產以及1,000美元的存款負債。這時銀行只是在電腦上記錄一下就行了。我們會在後面章節詳細討論貨幣如何被創造出來。

商業銀行的資產負債表

資產	負債
準備金 ＋$1000 放款	股東權益（略） ＋$1000 存款

同樣的資產負債表的記帳原則也適用於中央銀行。當聯準會買進公債或其他資產時，同時創造了準備金以支應這筆交易。

行是唯一一家能夠創造中央銀行準備金的機構，因此金融體系內準備金的總額完全取決於中央銀行的動作[④]。例如，當聯準會買進10億美元的美國公債，它便同時創造了10億美元的中央銀行準備金，用來支付這筆交易。不論這批公債是來自商業銀行或是一般公司都是如此。如果聯準會從商業銀行手中取得這批公債，則商業銀行手中的公債資產就被轉換為中央銀行的準備金：

商業銀行出售公債給聯準會

商業銀行資產負債表

資產	負債
-$10億美元公債 +$10億美元準備金	

一般公司出售公債給聯準會

商業銀行資產負債表

資產	負債
+$10億美元準備金	+$10億美元公司存款

④ 商業銀行能夠將其放在中央銀行的準備金轉換為法定貨幣，此時中央銀行準備金會減少，發行的貨幣數量會增加。但實務上，此舉的意義並不大，因為現金大多數的交易都是電子化，很少真正用到法定貨幣。

公司的資產負債表

資產	負債
-\$10 億美元美國公債 ＋\$10 億美元銀行存款	

　　如果聯準會向某個非商業銀行機構（如公司行號）購買公債，情況就有些不同。一般公司不會有聯準會的帳戶，也不能存放中央銀行準備金。如果該公司賣了 10 億美元的公債給聯準會，交易會被記錄在該公司和商業銀行之間的帳目中，聯準會帳上會多一筆 10 億美元對商業銀行的準備金，商業銀行則會多一筆 10 億美元的準備金資產，負債方則多一筆對公司的存款。

　　中央銀行準備金一直都在帳上，只是因為每天商業銀行之間的頻繁交易，會讓準備金在不同帳戶之間游移。假設上例中的公司將一半的出售公債收益拿出來當作貨款交付其上游供應商，而這個供應商在另一家銀行有帳戶，則付款的公司帳上會減少 5 億美元，供應商的銀行帳戶則會增加 5 億。而商業銀行間的帳戶中，公司的銀行會移轉 5 億美元的準備給供應商的銀行，這 5 億美元準備是來自供應商的存款。

公司付5億美元給供應商

公司的銀行資產負債表

資產	負債
$10億美元準備金 -$5億美元準備金 （給供應商的銀行）	$10億美元存款 -$5億美元存款

公司的資產負債表

資產	負債
$10億美元銀行存款 -$5億美元銀行存款 +5億美元供應商產品	

供應商的銀行資產負債表

資產	負債
+$5億美元準備金 （從公司的銀行）	+$5億美元供應商存款

供應商的資產負債表

資產	負債
-$5億美元供應商產品 （給公司） +5億美元銀行存款	

如何分析聯準會的準備金

聯準會準備金資訊每週都會公布在官網上，表格名稱為H.4.1。以下是部分準備金帳目的表格。

1.影響存款機構準備金餘額的因素（續）
百萬美元

準備金銀行借方，相關項目，以及存款機構在聯邦準備銀行的準備金餘額	平均每日數量			Jan 15, 2020 星期三 餘額
	週結帳日	與週結帳日差額		
	Jan 15, 2020	Jan 8, 2020	Jan 16, 2019	
流通貨幣（11）	1,797,265	-7,742	+90,512	1,795,725
逆回購協議（12）	266,447	-12,004	+4,214	260,913
外國政府和國際帳戶	265,788	-9,498	+5,383	260,238
其他	659	-2,506	-1,170	675
公債現金持有	177	+5	-46	189
與聯邦準備銀行的存款，非準備金餘額	424,014	-10,541	-735	449,695
存款機構持有的定期存款	0	0	0	0
美國公債，一般帳戶（TGA）	350,987	-16,015	-193	380,802
外國政府	5,182	0	-65	5,181
其他（13）	67,846	+5,475	-476	63,712
其他負債和資本（14）	45,028	+1,860	+60	44,241
除準備金餘額外所有吸收準備金的因素	2,532,931	-28,423	+94,004	2,550,762
聯邦準備銀行準備金餘額	1,686,801	+32,715	+22,663	1,673,362

表中顯示主要準備金持有的形式。第一欄中表示2020年1月15日當週的平均值，其中在外流通貨幣有1.79兆美元。這是準備金轉換為

貨幣的累積數量。當商業銀行需要貨幣時，就會將手中的準備金交付給聯準會，聯準會則會派裝甲車送出成綑的鈔票給銀行。此時準備金就消失，被鈔票取代。

另一個大筆金額的項目是外國政府及國際帳戶（2,650億美元）。這是外國附買回協議，就像是外國中央銀行的支票帳戶。外國中央銀行可以選擇將存款放在紐約聯準會，但這是有擔保的附買回放款。實際上外國中央銀行不會持有準備金（而是持有附買回貸款協議，證明有借款給聯準會），不過當它將錢從商業銀行提出，放到外國附買回時，準備金就離開了銀行體系，進入了獨立的外國附買回協議工具的帳戶。

下一個大額項目是財政部的一般帳戶（TGA），有3,500億美元，這就是財政部的支票帳戶。當財政部收到款項，像是稅收，準備金就從商業銀行帳戶中扣除，轉到財政部的一般帳戶中。還有一個678億美元的「其他」項，包括政府擔保企業（GSE），像是房利美；以及指定金融市場事業，像是芝加哥期貨交易所的清算行。最下方一列則是商業銀行持有的準備金：共1.68兆美元。

　　2008年金融危機前，聯準會運用其準備金的稀缺特性來調整貨幣政策。其工具是操縱短期利率來微調整個銀行系統的準備金數量。當時整個銀行系統的準備金不過300億美元左右，不像如今動不動就是數兆美元。準備金的大幅增加主要是聯準會的量化寬鬆政策，當時利用購買長期債券來影響長天期利率。如今聯準會改由調整銀行的超額準備金利率

和隔夜逆回購工具[⑤] 的利率，來控制短天期利率，這時市場參與者可以貸款給聯準會。有關聯準會的操作手法將在後面章節詳述。

銀行存款

　　銀行存款是當商業銀行增加一筆放款，或是買進一筆金融資產時創造出來的。在一般人的觀念中，銀行都是收到一筆存款後，再把它借給其他人。其實除了把存款借出去之外，銀行更可以單單經由放款憑空生出一筆存款[⑥]。中央銀行就是商業銀行的銀行，而商業銀行則是其他非銀機構的銀行，例如個人和公司行號。

　　不過，中央銀行和一般商業銀行還是有所區別。商業銀行可以到處林立，但中央銀行則是只此一家別無分號。由於其獨占地位，所有創造出來的準備金都只放在中央銀行的資產負債表上，而不同商業銀行之間的收付行為，也只會在各銀行的準備金帳戶中移轉。每家商業銀行有各自獨立的資產負債表，各自創造存款。因此常會出現某個存款戶將錢從一家商業銀行裡提出來，轉存到另一家商業銀行去。如此一來，二家銀行之間要進行收付，第一家銀行要付該提出的金額給第二家銀行，這會在中央銀行的準備金帳戶之間進行。

　　前述商業銀行可以憑空創造存款，因此商業銀行創造出來的存款其

---

⑤　有關附買回協議（Repo loans, Repurchase agreements）將在本書第6章說明。

⑥　詳細的討論請見McLeay, Michael, Amar Radia, and Ryland Thomas. "Money Creation in the Modern Economy." Quarterly Bulletin. Bank of England, Q1 2014。

中央銀行數位貨幣

中央銀行數位貨幣（CBDC）的觀念近年在各國央行間越來越風行，主要的央行幾乎都開始著手研究。央行數位貨幣基本上允許每個人都可以在央行開立帳戶，大眾可以選擇持有央行的準備金，而不一定只能持有商業銀行的存款。在這個架構下，央行數位貨幣可能會取代實體現鈔，甚至銀行存款。

央行數位貨幣的觀念一度被廣泛討論，主要是它可同時享有安全性和效率性的優勢。非銀機構或個人可以在中央銀行直接持有無風險存款，而不用承擔商業銀行的存款風險。支付過程也相當便利，如果每個人在央行都有帳戶，那麼資金的移轉只是在央行內不同的數位貨幣帳戶之間轉換就行，直接省去銀行間的收付過程。

實際上，外界所謂央行數位貨幣的好處並不太突顯。政府的存款保險已然保障了銀行存款的安全性，今日的電子支付已經相當便利、即時且成本極低。推出央行數位貨幣的真正原因，應該是執行政府財政及貨幣政策時的政策工具。央行數位貨幣給予政府幾乎可以完全掌控貨幣系統的能力，政府知道每個人究竟有多少錢，從誰那裡收到，以及付給誰；政府可以隨時進出任何人的數位貨幣戶頭，進行存錢或提錢；也可以針對不同帳戶提供不同的利率。而目前這些功能都在商業銀行手裡。

在央行數位貨幣的架構下，逃稅和洗錢變得困難重重；政府能經由直接撒錢到人民的帳戶來操縱政府支出，有罰款時也能從這些帳戶把錢拿走。如果央行決定採取 -5% 的負利率政策以刺激經濟，它可以立刻

在所有人的帳戶，或是只設定特定人士生效，這一切只需要一鍵搞定。政府當然要研究央行數位貨幣，因為它大大強化了政府權力。

但是從個人的角度，央行數位貨幣會是人類史上對隱私和自由最大的破壞。

實比中央銀行準備金多出很多。實務上，商業銀行每日收付的金額相當龐大，但當每天結帳時，該銀行在中央銀行的準備金帳戶變動的淨額卻不多，因此商業銀行只需要保留一小部分的存款準備金即可。這就是所謂的「部分準備金制度」（fractional reserve banking）。如果某一天商業銀行的現金流出超出準備金額度，它可以向其他商業銀行，或是向中央銀行借入準備金，以因應支付。

　　銀行存款是最常見的貨幣型態，但它的保障也最少。原因是這種貨幣是由私人機構創造出來的，因此不是完全無風險。當銀行貸出去太多壞帳，貸款者無力償還時，銀行就會出現危機。在這種情形下，存款人得分攤銀行貸款的損失，此時銀行的存款便無法轉換成足額的貨幣，例如100美元的存款換不到100美元的現鈔。這時存款戶就會感到恐慌，蜂擁而至銀行櫃台，要把自己的錢提領出來，只是如此一來更加大了銀行的危機。十九世紀曾出現一段「山貓銀行」[7]時期，當時沒有統一的貨

---

⑦　譯註：「山貓銀行」（wildcat banking）指美國在十九世紀時期，進入銀行產業的障礙極低，許多不良銀行出現，但風險控管極差，導致金融體制混亂，銀行大量倒閉，存款人與持鈔人血本無歸。

幣，商業銀行可以自行創造存款，並且可以自行印製銀行券充當貨幣。可想而知終究導致金融混亂，銀行倒閉層出不窮，每家銀行發行的銀行券都無法依照面額兌換，因為有可能會違約破產，銀行券都是折價交換。

從那時起，美國政府便進行一連串改革，以降低銀行危機的風險，包括銀行存款保證，修改相關法規，以及在聯準會開設貼現窗口，用來因應銀行的緊急調度。這些措施的確有效，銀行存款的風險大大降低，比較接近無風險，或是形同貨幣，如同中央銀行準備金和現金。實務上，聯邦存款保險（FDIC）提供的25萬美元存款保險，保障了絕大部分的存款戶。這些存戶的銀行存款幾乎可以被視為無風險貨幣。

美國政府公債

美國政府公債是由聯邦政府發行的無擔保債券。在金融市場中被視為等同貨幣，因為美國政府公債集安全、流動性高、且被眾多市場接受等特性。它和銀行定存不同的是，公債是完全無風險，因為它背後有美國聯邦政府的背書；它和聯邦銀行準備金不同，因為任何人都可以持有公債；它和法定貨幣不同，因為公債還會付息，也可在全球的電子交易系統內進行交易。散戶多半習慣把錢存到銀行，而機構法人往往用持有美國政府公債的方式達到類似目的。對大型機構投資人而言，美國公債就形同貨幣。

這裡要特別說明一點：在公債的世界中，「貨幣」的度量觀念不太一樣。我們提到100美元的銀行定存、100美元的中央銀行準備，以及

100美元的現金，指的都是面額100美元不變。但買進價值100美元的政府公債，其價值卻會隨著市場波動而變化。長天期的公債價格對於預期通膨和未來利率的變化更為敏感，因此其市場價格波動最為劇烈；然而短天期的公債波動就小得多。不過當持有到到期日時，上述因素的變化就不再影響價格了，只有在到期日前出售才會有獲利或損失。

政府公債提供了一個儲藏大額資金的簡易方式。投資人沒辦法用公債去雜貨店買東西，但可以在市場上拿現券或借券賣出，轉換成銀行存款。公債市場和附買回市場都是流動性極佳，在全球的金融中心全天候交易。在實務上，投資人不會拿公債去買實體經濟的標的，通常是用來做其他投資。方法是投資人拿公債作為抵押擔保，交給經紀商去買其他金融資產，像是股票或其他債券。

美國政府公債是美國財政部創造貨幣的管道。當財政部發行100美元的公債時，投資人拿100美元的銀行存款換取這張公債。對投資人而言，他們只是拿一種貨幣換了另一種貨幣而已，但對財政部來說，卻是拿一張憑空創造出來的債券向實體經濟買商品或服務。這筆交易還能延伸如下：

投資人買進公債後，他的銀行存款減少100美元，商業銀行就會依投資人指示，把這100美元轉入財政部在聯準會的準備金帳戶裡。財政部在聯準會是有戶頭的，依法可以持有聯邦準備金。當財政部把這筆發債借來的100美元花掉時，這100美元的準備金就回到商業銀行體系中。例如：假設財政部將這100美元用來支付聯邦醫療保險[8]的醫師看診服務上，醫師的商業銀行會收到一筆來自財政部聯準會帳戶的100美元準

備金，再將這筆金額轉給醫師的銀行帳戶。在當日的結算中，整個銀行系統的存款和聯邦銀行準備金總額是不變的，但財政部的公債餘額卻多了100美元。最初的投資人也可以用這100美元的公債去買其他金融資產，或是賣給銀行換取現金，去實體商店買東西。

財政部發行100美元的公債，支付聯邦醫療保險

財政部的資產負債表

資產	負債
＋$100美元準備金	＋$100美元國債
-$100美元準備金	-$100美元聯邦醫療保險支出

銀行系統的資產負債表

資產	負債
-$100美元準備金 （購買公債）	-$100美元投資人存款 （購買公債）
＋$100美元準備金 （支付聯邦醫療保險）	＋$100美元 （醫師銀行帳戶）

---

⑧ 譯註：聯邦醫療保險（Medicare）是美國的國家醫療保險計畫，創立於1966年。主要為65歲以上的美國人以及經認定某些年輕身障人士提供醫療保險。保險覆蓋人數超過六千萬人，占全美總人數20%左右。

投資人的資產負債表

資產	負債
-$100美元存款	
+$100美元公債	

醫師的資產負債表

資產	負債
-$100美元應收款	
+$100美元存款	

　　除了財政部發行的公債之外，還有許多其他類型的政府債券，代表不同度量的「貨幣」。除了公債之外，另一種流動性佳且安全的資產是機構不動產抵押證券（Agency MBS）。這是一種以住宅為抵押的有價證券，背後是美國政府擔保。不過在實務交易上，雖然同樣是無風險，機構不動產抵押證券的流動性還是較公債差一些。聯準會仍偏好買進公債來執行其貨幣政策，不過在量化寬鬆時期，有時也會主動買進這類抵押證券。

法定貨幣

　　這個名字可能不常使用，不過也不需要太多介紹，法定貨幣是最常見的一種貨幣型態。它就是現金，由政府印製發行，並提供保證。存款戶可以去商業銀行或自動提款機前，將他們帳戶裡的存款轉成現金提出

當公債市場出現問題時

全球投資人在大多數時間都預期公債可以隨時轉換為銀行存款，進行所需的支付。這就像每個人都可以隨時去自動提款機前面，將銀行存款轉為現金提出來一樣。如果有一天自動提款機螢幕上顯示：「無法使用」，大家立刻會陷入恐慌。這也是 2020 年 3 月新冠肺炎疫情爆發時公債市場的樣貌。

2020 年 3 月新冠疫情爆發時，全球投資人陷入極度恐慌，急於賣掉資產套現。投資人大量賣出基金，並在外匯市場拋售以換回美元。為了應付贖回，基金公司和外國央行大量賣出手中的美國公債，就像存款戶在自動提款機前大排長龍提領現金一樣。但這時他們突然發現，手中的美國公債價格大跌，除非忍痛認賠折價賣出。這就像要提款時發現自動提款機當機一樣。

在一般情形下，機構投資人要賣出手中的證券，會請交易商報價。交易商大都不會拒絕，因為買進這些證券後持有一段時間，再賣給下一個投資人，可以賺取中間的價差。但在 2020 年 3 月，大量的恐慌賣單湧進交易商。像是抵押型不動產投資信託（Mortgage REITs，簡稱 mREITs），平時交易商經常融資買進機構不動產抵押證券（Agency MBS），此時卻大量拋售套現才能償還融資款；公司債的 ETF 也大量賣出部位以因應投資人贖回；位於初級市場的貨幣基金也在賣出手中的商業本票（Commercial Paper）求現。交易商瞬間被賣單淹沒，證券的庫存水位很快就達到法定上限。

同樣的，在 2008 年金融危機時期，曾出現投資人因為擔心交易商

的財務狀況而不願借錢，這導致交易商不得不賣掉手中的證券以償還貸款，賣價低得可憐，也助長了金融市場進一步恐慌。事後監管機構提出新規範，限制交易商的證券庫存水位，也限制其投資高風險證券的條件，兩者難度都變高。當時這個強化交易商持有部位管理的措施，在2020年3月的危機卻限制了其吸收客戶賣出證券的能力。當交易商的證券庫存水位達到上限時，便不能再買進任何證券，即使是安全性最高的政府公債。

此時大家發現金融市場問題大了，但更不可思議的是居然連公債都賣不出去。結果導致更大的恐慌，每個人只能把手上所有的證券一股腦拋售。整個市場崩潰了，直到聯準會出面干預市場後才逐漸平息。

聯準會做了三件事：第一、給予金控銀行資產負債表法定限制的臨時寬限期；第二、開啟新的外國附買回窗口，允許外國央行不用賣出美國公債也可持有美元；第三、推出新一輪量化寬鬆。其中最後一項是穩定金融市場的關鍵，在危機發生後短短數週，聯準會從交易商手中買進了2兆美元的公債和機構不動產抵押證券。這個買進的措施消化了交易商的大額庫存，甚至有能力開始重新接受客戶的賣出。公債的「貨幣」性質也大幅穩住了金融市場。

來。換句話說，商業銀行必須確保金庫裡有足夠的現金可供存戶任意提領。如果有一天銀行需要的現金量超過其準備金，就必須請求聯準會協助，聯準會也隨時安排裝甲車載運足夠的現金因應商業銀行所需。

　　持有現金有一項重要優勢：它不在金融系統的控制範圍內。現金和

黃金白銀一樣是實體的，任何人持有的價值都相同。政府能控制中央銀行和商業銀行，基本上就控制了整個金融體系，不法之徒在金融體系內幾乎沒有生存餘地，除非在床底下藏滿了現金。因為其他形式的貨幣都只是在電腦裡的一串數字而已。現實生活中也的確有人收藏了大量的百元美鈔，只為了躲避政府的查緝。

多數現金其實藏在海外

近年來儘管電子支付大行其道，流通的現金數量仍在穩定增加，2020年大約有2兆美元的現金在市場流通。有趣的是，最受歡迎的是百元美鈔，約有150億張的百元美鈔在流通，其次是約130億張的一元美鈔，以及大約115億張的二十元美鈔。以總價值2兆美元來看，大約有80%的流通量是用百元美鈔的型式持有。

儘管流通數字可觀，但多數美國人的日常生活卻鮮少使用百元美鈔。相比之下，二十元以下的美鈔比較常用。研究顯示，百元美鈔大都是海外人士持有[9]。

（10億張） 流通的紙鈔數量，2020年6月30日

資料來源：財政部公告，2020年9月

（兆美元）　流通在外的現金

資料來源：聯準會

有幾個原因可解釋為何多數的紙鈔在海外流通：開發中國家如阿根廷的有錢人，習慣將財富轉換成主要貨幣存放，這是因為許多開發中國家的治理不完善，且往往有二位數字的通貨膨脹。像薩爾瓦多完全放棄了貨幣主權，完全以美元作為官方貨幣。此外，罪犯也常以美元為流通工具，因為方便攜帶且難以追蹤。警方打擊大毒梟的過程中，有時會起出數億美元的現鈔。

美元現鈔在全球大部分的地區都能當作價值儲藏的工具，地位如同當年金本位時期下的黃金。如今我們生活在美元本位的世界，美元被全球廣泛接受並且視為安全資產。這些都是導致海外美元銀行業務大增，海外的美元現金需求始終居高不下。

---

⑨ 請見Judson, Ruth. "The Death of Cash? Not So Fast: Demand for U.S. Currency at Home and Abroad, 1990-2016." In *International Cash Conference 2017 – War on Cash: Is There a Future for Cash?* Deutsche Bundesbank, 2017. https://econpapers.repec.org/paper/zbwiccp17/162910. htm。

一般疑問解答

　　本章主要是介紹今日貨幣體系的架構。懂得這個架構有助於讀者更能了解中央銀行的行為，並釐清一些錯誤觀念。讀了本章以後，可以嘗試問以下的問題：

問題：為何銀行不能出借其準備金？

　　當量化寬鬆政策首次出現時，許多財經名嘴發現商業銀行的準備金部位快速膨脹，置疑為何銀行不願意「出借帳上的準備金」。如前所述，中央銀行的準備金只能由商業銀行持有，無法脫離中央銀行的帳目表。銀行持有央行準備金的水位是由央行的行為決定，與商業銀行的放款金額無關。事實上，商業銀行在決定是否放款時，並不受手中有多少央行準備金的限制，如有必要，銀行可以隨時向央行借出準備金額度。

　　商業銀行的放款主要受到法規規範，以及商業環境的變化限制。商業銀行本身受到高度監管，法令千絲萬縷，從獲利能力、資產品質，到負債面的組成都有重重限制。這些法條確保了銀行業安全可靠，但也限制了貸款能力的擴大。商業銀行往往在確認有利可圖的情形下才會貸放，一旦經濟陷入衰退，好的借款人屈指可數，欠債不還的人可是滿坑滿谷。這就是2008年金融危機後的樣貌。

問題：當現金淹腳目時，代表股票市場要狂飆了？

　　有時候，財經名嘴會關注銀行體系的存款水位，認為當所有的錢都用來買金融資產時，資產價格會暴漲。

　　如同前述準備金水位是由聯準會決定一樣，商業銀行的存款多寡很大一部分也取決於銀行的行為[10]。當商業銀行買進一筆資產或創造一筆放款時，就能同時創造存款。當賣掉資產或放款回收完畢，這筆存款也就消失。銀行存款的水位高低往往是銀行放款能力的指標。

　　回過頭來說，當投資人用存款帳戶裡的錢買進一檔股票或債券，投資人的存款減少，這筆錢轉到賣出這檔股票或債券的人（管他是誰）的銀行存款帳戶裡。整個銀行體系的存款總額沒有任何變化，只是銀行之間的帳戶數字移轉而已，剛好不多不少。無論銀行存款水位是高是低，都可能出現大量的投資成交量。

---

[10] 此外，有時也會受到中央銀行措施的影響，央行增加準備金也同時增加銀行存款。

第 2 章
貨幣的創造

在本章，我們將進一步闡述貨幣的創造：聯邦準備銀行、商業銀行以及政府債券。

聯準會[1]

聯準會有兩項職責：充分就業及穩定物價。實務上，聯準會並不清楚到底多低的失業率可稱之為充分就業，也沒有必要一直得把通膨目標設在2%。聯準會對通膨的經驗值和其他主要中央銀行如日本央行（BOJ）和歐洲央行（ECB）也不相同，後者進行了長達數十年的實驗也難以達到其目標通膨率。過去十幾年，聯準會為了達成上述二項職責，逐漸放寬其政策工具，進行了非傳統性的貨幣政策，包括大規模印鈔。

聯準會認為利率是經濟的櫥窗，也是其達成工作職責的主要手段[2]。在它眼中有一個稱為「中性利率」[3]的東西，在這個利率水準下，

---

① 譯註：有關聯邦準備系統架構和聯準會，見第1章譯註。
② Powell, Jerome. "Monetary Policy in a Changing Economy." Speech, August 24, 2018. https://www.federalreserve.gov/newsevents/speech/powell20180824a.htm.
③ 譯註：在聯準會的文件中，通常會用r*來代表中性利率。

經濟剛好不會擴張也不會下滑。當利率水準低於中性利率時，經濟便會開始擴張，通膨上升，失業率逐漸下降。反之，當利率水準高於中性利率時，經濟開始放緩，物價下跌，失業率逐漸上升。聯準會聘任一群經濟學博士（人選會更替）來決定利率升降，以達到其政策目標。像是印鈔的決策，便是聯準會認為有利於操縱長期利率的工具。

　　當經濟陷入困境，聯準會的模型顯示當時的中性利率過低，甚至是負值時，它就會動用所有工具壓低利率，讓利率水準在中性利率以下，以促進經濟重新成長。首先會調降隔夜拆款利率到0%，然後會大量買進長天期公債，讓債券價格上升，試著壓低長期殖利率。長天期的公債對隔夜拆款利率的敏感度較低，因此聯準會量化寬鬆的影響是間接的。

公開市場操作平台

公開市場操作平台是聯準會的交易平台。它負有二項任務：執行公開市場操作，像是量化寬鬆；以及收集市場訊息。

公開市場操作平台經由龐大的市場網絡收集市場第一手訊息。主要的訊息來源是初級交易商[④]，初級交易商有義務與公開市場操作平台保持溝通順暢。其是次級交易商，包括商業銀行、政府擔保企業、避險基金、退休基金、大型企業財務主管，以及小型交易商等。一般來說，金融市場裡重要的玩家多少都與操作平台有所聯繫，只是次級交易商沒有與操作平台互通訊息的義務，但他們也樂於與操作平台保持良好關係。所有人都了解彼此的訊息對話都必須保密，同

時也都願意協助聯準會執行任務。

公開操作平台所收集到的訊息將透過簡單的研究報告和每日快訊在聯準會的系統內傳遞。每天早上操作平台都會有晨間電話會議，結合彭博（Bloomberg）系統和市場的接觸，描述金融市場的狀況。晨間電話會議是在操作平台的簡報室舉行，那是一間大型會議室，中間有一張長長的木桌，牆邊也排滿椅子，聯準會官員受邀在晨會時打電話進來參加。當市場出現變化，最高級別的官員也會參加。晨會過後會有問答時間，政策制定官員會提出問題，在簡報室裡相關的專家學者便會站起來回覆。

除了每日晨會報告外，操作平台裡的專家也會定期發表研究報告，針對所研究的領域最新發展提出看法。這類的內部報告同樣是來自聯準會的機密資料和市場訊息。

至於市場操作部分，平台上的人員依資產類別分類，就像大部分的交易室。一級資產包括政府債券、抵押證券以及貨幣市場工具。每個團隊中的交易員會定期輪調，每週的操作目標和責任均不同，數週輪調之後，會有一週的休息，做一些研究方面的工作。這種設計是確保每個交易人員都能了解彼此的操作，也能防止職業倦怠。某一週內，交易員可能被賦予逆回購的交易，下週也許得早起，發布操作平台的基準參考利率公告。

---

④ 譯註：初級交易商（primary dealer）是指具備一定資格、可以直接向政府債券發行部門承銷和投標政府債券的交易商，通常是指具有龐大資金的商業銀行和證券公司。

　　當聯準會執行量化寬鬆的政策時，它會公告買進數量、買進速度，以及要買進何種資產，但它無法知道市場的反應會是怎樣。這可以理解，市場的反應本來就難以預測，因為沒有人知道有多少訊息已經反應在價格中。聯準會只有透過內部模型決定購買數量，然後依靠大範圍調查市場參與者的回應來確定市場期望。過程中，聯準會會隨著市場反應的變化微調政策執行細節，並且留意潛在的負面效果，像是買進過多的特定證券導致市場功能失靈。

　　一旦聯準會購買金融資產，它就會創造銀行準備金。非銀機構不能在聯準會開立戶頭，無法持有準備金。因此當聯邦準備銀行向非銀機構購買金融資產時，會將準備金移轉給該機構所屬的商業銀行，再由商業銀行對該機構做減記。此時商業銀行只是聯邦準備銀行和機構之間的中介，原因只是非銀機構無法持有準備金而已。聯準會購買資產的措施會大幅增加準備金的水位，同時也增加商業銀行的存款。

　　執行量化寬鬆的目的是降低長天期利率，準備金和銀行存款的增加只是執行政策的產物。學術模型認為量化寬鬆能有效降低利率並推升通膨[5]。然而就聯準會、日本央行、歐洲央行的經驗來看，單靠大規模的量化寬鬆並不足以持續推升通膨。三家主要央行過去十幾年的通膨水準均未達標，但它們持續相信量化寬鬆的功能。

---

[5] Engen, Eric, Thomas Laubach, and Dave Reifschneider. "The Macroeconomic Effects of the Federal Reserve's Unconventional Monetary Policies." Finance and Economics Discussion Series 2015-005. Washington: Board of Governors of Federal Reserve System, 2015. http://dx.doi.org/10.17016/FEDS.2015.005.

　　量化寬鬆最大的效果是推升了金融資產的價格，卻未必有效刺激經濟。量化寬鬆本身是將政府公債轉換為銀行存款和準備金的過程，迫使整體商業銀行以準備金的形式持有貨幣，其他非銀機構手中的貨幣則是用銀行存款取代。通貨膨脹的發生往往是經濟體的需求大於供給所造成，持有政府公債形式的貨幣不會在實體經濟中花掉，反而因為債券價格上升加速換回銀行存款，非銀機構更可以用這些存款買進更高收益率的公司債，甚至在股票市場裡進行投機。即使銀行受限法規，投資限制較多，也可以拿手中的準備金去買進更高收益的機構不動產抵押證券（Agency MBS）。這些投資組合的調整都推升了資產價格水漲船高。

　　理論上央行的量化寬鬆沒有極限。聯準會買進了數兆美元的資產，占美國經濟總產值（GDP）的一部分；日本央行買進了超過全日本總產值的資產，至今仍未見其金融市場動盪或貨幣大幅貶值[6]。然而，日本央行持有超大部位的日本國債，無異破壞了日本債市的功能。日本債市已不能反應日本的經濟情勢，只是一個執行日本政策的市場撮合者（maker）。甚至有些時候，日本國債在市場上根本沒有交易[7]。

---

[6] 譯註：本書原文版為 2020 年出版。事實上 2021 年日圓已從 103 貶到 115 日圓兌 1 美元；2022 年更一度貶至 150 日圓兌 1 美元。

[7] Anstey, Chris, and Hidenori Yamanaka. "Not a Single Japanese 10-Year Bond Traded Tuesday." *Bloomberg*, March 13, 2018. https://www.bloomberg.com/news/articles/2018-03-14/not-a-single-japanese-10-year-bond-traded-tuesday-death-by-boj.

中央銀行社群

國際間中央銀行的社群異常的小，彼此之間經常會面，有時成員之間會互相輪調。當然，群組內的成員國必須是彼此友好無敵意的才行。以聯準會的公開市場操作平台為例，它經常會從其他主要央行借調人力 —— 像是歐洲央行、日本央行、英格蘭銀行 —— 有時也會從其他較小國家借調。借調期通常為一至二年，其間他們被賦予的任務、平日的安全檢查都和美國本地職員無異。這些人士在其領域裡個個都是翹楚，也樂於合作。在操作平台工作一段時間之後，往往回到母國會受到重用並獲得晉升。

較正式的會議像是群組內每個月都會安排電話會議，分享金融市場的現況。與會者通常有日本央行、英格蘭銀行、歐洲央行、瑞士國家銀行（SNB）以及加拿大銀行。電話會議中，每個地區的職員先簡單敘述當地金融市場的情況，並回覆提問。日本央行和平台的關係最為緊密，有時雙方甚至每天都連線討論市場的發展。

更高層的正式會議則定時和歐洲央行及日本央行舉行。這個會議是在東京、法蘭克福、紐約輪值舉行。

商業銀行

　　商業銀行是擁有政府特許執照，有能力創造貨幣的產業。人們日常生活中使用的貨幣幾乎都是商業銀行創造的。因為其創造貨幣的特殊地位，使得商業銀行成為經濟體當中不可或缺的一環：創造出來的貨幣越

多，經濟越可能加速成長。商業銀行的基本業務是賺取持有資產和負債之間的利差。銀行大部分的資產是放款，包括抵押業務、商業借貸以及消費貸款。商業銀行也會持有高品質資產，像是政府公債或機構不動產抵押證券。

在負債面，大多數商業銀行的負債是一般存戶的存款，銀行存款是銀行欠存款戶的錢。其他類型的負債像是大額存款，亦即機構法人的存款，例如貨幣市場基金。一般存款戶的利息很低，大額存款的利率比較貼近市場利率。這是因為一般存款戶對利率的敏感度較低，無論利率多寡都會持續把錢放進戶頭裡，有時甚至完全沒有利息。然而，機構法人對利率的敏感度就高多了，有時候會因極微小的利差而把錢全搬過去。商業銀行大都喜歡一般的存款族，因為利息成本低，而且錢也穩定得多。機構法人往往一有風吹草動就把大筆存款取走，讓商業銀行手忙腳亂地緊急到處調錢。

如此看來，商業銀行其實是個一本萬利的生意。可以放款、可以創造貨幣、利息收入就自動滾滾而來。但也不是那麼輕鬆，銀行也要處理一些問題，確保工作都照表操課。商業銀行通常會面臨兩個問題：清償能力（solvency）和流動性（liquidity）。清償能力是指銀行創造出來的存款，背後都有健康的放款所支持；流動性是指這些存款都能夠任意轉換為其他商業銀行創造的存款，或是轉換成法定貨幣。

在最完美的情形下，商業銀行對借款人放出一筆貸款，借款人每期按時付息，到期時歸還全部本金。在部分準備金系統的架構下，商業銀行大約只要拿出5美元，就能承作100美元的放款和存款。假設一切運

作如常，銀行能賺到 100 美元的放款利息，即使當初只投入區區 5 美元
而已。不過，借款人違約還不出錢，商業銀行就得認賠。在上面的例子
中，如果 5 美元的放款違約而被列為壞帳註銷，銀行最初投入的 5 美元就
賠光了，清償能力出了問題，銀行就可能申請破產。

　　這種高度槓桿的特性，讓商業銀行有可能賺大錢，但一旦破產，速
度也很快。歷史上不乏銀行危機瞬間爆發的例子。因此，商業銀行在放
款的過程中必須異常謹慎，分析借款人的財務狀況和借款原因，確保借
款人的信用良好，有時候還會要求額外的保證或擔保品。例如，不動產
抵押放款就是拿房屋做抵押品，萬一發生違約，銀行還能收回房屋並拍
賣，以彌補違約的損失。

　　第二個問題是流動性。假設某家銀行放款 100 美元給一位信用良好
的借款人，但這筆借款拿到錢以後立刻提走現金，轉帳給其供應商的另
一家銀行帳戶。這家銀行必須確保有足夠的準備金和另一家銀行進行交
割，也要有足夠的現金在手上因應提領。如果銀行的準備金或現金不
足，且帳上資產的流動性差，不容易出售套現，問題就出現了。一旦銀
行無法因應收付或現金提領，很快會引起存款戶的恐慌，即使銀行本身
的業務健全得很。

　　為了要消除流動性問題，商業銀行每日均會仔細計算應付給客戶
的款項，確保帳上有足夠的流動資產可支應。流動資產通常是銀行準備
金，也可以是政府債券或機構不動產抵押證券（像住宅抵押貸款證券
〔RMBS〕）。如果銀行的流動性不足，它還能向其他商業銀行或大型機構
法人拆借。最低限度也能向聯準會的貼現窗口調度。只是需要走到這一

步，表示在私部門之間沒有人願意借錢，這對商業銀行來說是極為不良的記錄。貼現窗口借款絕對是商業銀行最不願意使用的管道。

　　以下有二個範例，說明支付在銀行內部如何運作。分為全世界只有一家銀行，和有二家銀行的情境。

情況一：全世界只有一家銀行

阿爾發（Alpha）銀行的資產負債表

資產	負債
準備金 +$100萬給約翰的放款	股東權益（略） +$100萬 存款（給約翰） -$100萬（約翰支付提姆） +$100萬 存款（給提姆）

　　假設全世界只有一家阿爾發銀行。一天一位名叫約翰的農夫走進阿爾發銀行，要求100萬美元的貸款，用來支付給伐木工人提姆。阿爾發銀行檢視了約翰的財務狀況後，認為他的信用良好，風險可控，於是貸款很快就撥下來了。阿爾發銀行的人員在電腦前面按了幾個按鍵，一筆100萬美元的存款就進了約翰的銀行帳戶。這時約翰登入自己的銀行帳戶，看到了這100萬美元，立刻全數匯給提姆。因為全世界只有阿爾發一家銀行，因此阿爾發銀行也只需要在電腦上將這100萬美元從約翰的帳戶轉到提姆的帳戶即可。銀行只此一家，流動性不會是問題，原因是全部的交易都在同一個帳本上。

情況二：全世界有二家銀行

假設現在全世界有二家銀行：阿爾發銀行和齊德（Zed）銀行。回到上面的例子，農夫約翰的帳戶還在阿爾發銀行，但伐木工提姆的銀行帳戶換成了齊德銀行。阿爾發銀行同樣核發了100萬美元的放款給約翰，約翰登入帳戶後，將這100萬美元轉帳給提姆在齊德銀行的帳戶。在這個例子中，阿爾發銀行不能只是在自家帳本上轉移數字，而是要做一筆給齊德銀行的支付款。於是阿爾發銀行付給齊德銀行一筆中央銀行的準備金100萬美元，齊德銀行收到這筆準備金後，在提姆的帳戶上加了一筆100萬美元的存款。

阿爾發銀行的資產負債表

資產	負債
準備金	股東權益（略）
＋$100萬給約翰的放款	＋$100萬存款（給約翰）
－$100萬支付給齊德銀行	－$100萬（約翰支付提姆）

齊德銀行的資產負債表

資產	負債
準備金	股東權益
＋$100萬從阿爾發銀行支付	＋$100萬存款（給提姆）

如果阿爾發銀行沒有足夠的準備金支付這100萬美元，就得想辦法借準備金。它可以向齊德銀行借這筆準備金，然後依照約翰的指示支付回齊德銀行。阿爾發銀行也可以向聯準會的貼現窗口拆借，但那是最不得已的時候才會做。其實阿爾發銀行可以接觸其他非銀機構，像是貨幣市場基金，即使非銀機構並不能持有準備金。但非銀機構的銀行可以借出準備金給阿爾發銀行來完成這筆放款。此時阿爾發銀行要記錄一筆對非銀機構的債務，資產面則多了一筆央行準備金。

信用創造的限制

上面的例子會讓人覺得，商業銀行好像是棵搖錢樹，可以無中生有把錢變出來，其實銀行能創造的貨幣數量是受到限制的。外在法規和銀行本身的獲利能力都限制了銀行創造貨幣的能力。因為銀行只要一個閃失就會陷入危機，因此受到法規高度監管。除了常態性的法規檢核報告外，超大銀行甚至會有金檢人員進駐監督每日的營運。法規限制了銀行的槓桿比率，在資本額能夠吸收的損失條件下，設定銀行的資產負債上限。例如，在二十倍的槓桿條件下，銀行投入5美元資本最多只能持有100美元的資產。槓桿比率的設計是確保銀行有足夠的資本可吸收潛在的損失。另一項法規限制是資本適足率，意思是銀行的資本水位應與其投資的風險部位相匹配。例如，一家滿手都是公司放款的銀行，相對另一家全部投資政府公債的銀行，法規會要求提列較高的資本。

在一般情況下，商業銀行創造貨幣的能力會受到可投資機會的限制。銀行股東都希望他們的投資有好的回報，因此多半要求銀行多參與

高利息收入的投資。當經濟情況好的時候，借款人比較願意支付利息取得資金，投入更高獲利的項目；但當經濟進入衰退時，有價值的投資機會就少得多。於是當景氣好時，銀行有能力創造較多貨幣，而在景氣衰退時期便會雨天收傘，貨幣的需求降低，自然就減少了貨幣供給。

如何評估銀行財務報表

銀行的財務報表種類繁多，且能公開取得，研究這些報表有助於了解銀行系統的運作。在美國，每一家銀行被要求逐季向大眾披露資產負債的細項，同時向聯邦金融機構檢查委員會（FFIEC，成立於 1979 年 3 月 10 日）[8] 申報。聯準會每週在 H.8 報告中披露全美銀行的總合報告。而國際清算銀行（BIS）每一季公告全球銀行業整體營運狀況的報告，可在其官網「國際銀行業統計」[9] 中找到。

營運及財務報告（Call Reports）：是美國國內商業銀行及以國外分行每一季都須向聯邦金融機構檢查委員會申報的資料。報告內說明截至前一季底銀行資產負債表，包括存放款的種類、投資的項目。報告內容巨細靡遺，對於要分析某一家銀行是否值得投資來說，這些報告相當有用。分析人員可以從報告中看出銀行的經營模式和承擔的風險。聯邦金融機構檢查委員會在每季過後的六週左右，於官網上公告。

H.8 週報：H.8 的正式名稱為「美國商業銀行資產與負債」，是聯準會每週公布的報告，披露全美商業銀行整體的資產負債表資料。這

份報告不像營運及財務報告那麼詳細，但它每週公布，有助於分析總體經濟趨勢。例如，在2020年新冠疫情危機時，許多公司面臨高度不確定性，選擇大量囤積現金。這樣的手段在H.8報告中可以清楚看見，當時多數公司選擇取消循環貸款，以保留現金。H.8報告也能看出聯準會積極買進資產，導致整體銀行業的準備金大增；消費信貸大量減少，反應當時大量裁員，失業率飆高下的消費行為改變。

全球銀行業報告[10]：國際清算銀行收集全球各央行的資料，整理出全世界當前銀行業的現況。報告分為二種：本地銀行業統計（LBS）與整合銀行業統計（CBS）[11]。這二份報告彼此互補，本地銀行業統計內容涵蓋外國居民在本國的銀行活動；而整體銀行業統計則是本國國民旅居在國外的銀行活動。舉例來說，本地銀行業統計會告訴你美國當地銀行對法國居民的負債，這包括了法國銀行在美國分行的負債狀況，因為只要位於美國本土內銀行的都會計入；而整合銀行業統計則會顯示美國的銀行對法國居民的負債，這會排除法國銀行在美國的分行。全球銀行業報告是一份高位階的報告，多半拿來當總體分析之用，以了解全球金融體系的健全程度。事實上，惟有研究這份報告才能了解境外美元銀行系統的狀況。

實務上，公家單位能取得的商業銀行資料遠較私人部門為多且好。2008年金融危機後，法規給予聯準會和其他監管機關極大的權力，可頻繁取得極為詳盡的資料，如果是大到不能倒的銀行，甚至可以取得每日資料。這使得再次形成2008年銀行風暴的可能性大幅降低。在過去，許多銀行業的不穩定因子總是在監管機構忽略的角落萌芽，這些統稱為影子銀行，我們會在後面的章節描述。

財政部

　　財政部是美國政府組織的一員，徵稅和發公債是其工作之一。財政部無法決定要發多少債，那是由聯邦政府赤字多寡決定，而這是國會的權責。國會通過預算法案，決定聯邦政府的收支，支出大於收入的差額則是赤字。

　　不過財政部能做的是如何取得資金以支應赤字。這給予財政部影響殖利率曲線的空間，發行較多的長天期債券會引導殖利率曲線變陡，發行短天期債券則會引導曲線變平。無論天期長短，債券供給的增加就會讓該天期的債券價格下跌，殖利率上升。財政部管理債券發行的大原則是，隨著時間推移，提供最低成本的融資收取納稅人的錢。因此，財政部結合民間機構的資訊進行分析，以決定最便宜的融資管道。例如，當聯準會嘗試量化寬鬆以壓低長天期殖利率，財政部就調整其發債策略，大量發行長天期債券，占低利率的便宜。

　　財政部的發債是規律且可預期的，每季會對發債量和頻率做些許微調。這很重要，因為每年的發債量是早已決定了，最近幾年都是數兆美元。市場充分預期每年的發債量並做好資金準備，市場是可以輕易消化

---

⑧　譯註：聯邦金融機構檢查委員會：Federal Financial Institutions Examination Council（FFIEC）。

⑨　譯註：International Banking Statistics，網址：https://www.bis.org/statistics/about_banking_stats.htm。

⑩　譯註：全球銀行業報告：International Banking Data。

⑪　譯註：本地銀行業統計：Locational Banking Statistics（LBS）；整合銀行業統計：Consolidated Banking Statistics（CBS）。

這些債券發行量。如果發債量非預期突然增加，將會大幅推升殖利率，對債市來說是災難性的。每季季初，財政部都會宣告預估的融資需求，這是根據聯邦政府支出、稅收、債務到期償還，以及季末財政部預估要持有的現金數量而定。通常財政府都會保留至少五天份的支出所需的現金在手。

如果債券發行計畫必須要調整，財政部通常傾向發行短期債券，因為市場比較容易吸收短天期的債券。例如，2020年3月國會通過2.2兆美元「關懷法案」[12]的刺激方案，財政部就面臨高達1.5兆美元的短期國庫券融資需求，國庫券是到期日在一年以內的債券。這種國庫券最受貨幣市場基金的歡迎，貨幣市場基金規模超過4兆美元，經常需要轉倉[13]到短期投資標的。另一方面，某些投資人擁有長期資金，不太會在意短期的價格波動，長天期債券就會受到青睞。這些投資人包括退休基金、保險公司，以及主權基金，資金流動十分穩定，不太會臨時有一筆大錢去因應財政部債券發行計畫的突然改變。

財政部債券的發行和中央銀行準備及銀行存款不同，公債背後除了對美國政府的信任之外，其實沒有任何資產背書保證。中央銀行準備是以購買的資產做保證，通常是某一種形式的貨幣。銀行存款背後是銀

---

⑫ 譯註：「關懷法案」：2020年3月國會通過川普總統提出，因應新冠疫情援助、救濟和經濟安全法案。全名為Coronavirus Aid, Relief, and Economic Security Act，簡稱CARES Act。包括向中小企業提供貸款、補助金和擴大失業保險，補貼醫院和衛生保健服務的損失；遞延支付雇主薪資稅，放寬利息扣抵限制，企業最低稅負抵免等。

⑬ 譯註：轉倉（roll over）：指固定收益商品如債券、定存等投資，由於有固定的到期日，到期後資金會轉作另一個天期的類似商品，以確保資金流動性和收益性。

行的放款做保證，放款到期會收回，也就同步註銷一開始創造的貨幣。不過財政部發行幾兆美元的債券，卻沒有計畫要有還清的一天。不止如此，公債的發行量持續地快速增加。發行量增加會影響通膨，因為商品和服務都得用印出來的鈔票支付，這也是決定整體通膨的唯一因子。

許多市場人士眼看著美國債務水準越來越高，認為債務危機迫在眉睫。不過日本債務對國內生產值的比率，遠超過美國的水準。但即使日本的公債發行破表，殖利率卻依舊低得可憐。雖然公債發行一定有其限制，但沒人知道限制在哪兒。

第 3 章
影子銀行

　　「影子銀行」這個名詞聽起來神秘又帶點負面，不過說穿了就是像銀行活動的非銀行業務。像銀行的部分是：影子銀行同樣經由創造放款和購買資產，承擔投資的流動性和信用風險；但不像的地方是：它不像商業銀行具有創造存款的功能，資金來源是向投資人募資。和商業銀行具有創造貨幣的角色比較，影子銀行比較像是金融中介者。

　　影子銀行的範圍甚廣，有著各式各樣的名稱。一般來說，其業務活動較商業銀行的風險來得高。本書前面幾章曾提到，商業銀行被高度監管和要求完整揭露，監管人員甚至會進駐大型銀行稽查每日的運作。但這些擾人的要求也有好處：商業銀行得以向聯準會的貼現窗口調度資金，並且其存款戶享有聯邦存款保險公司的存款保障。相較於商業銀行，影子銀行被監管的力道要小得多，這導致高獲利的可能，但投資人也因此少了政府的保護措施。影子銀行的投資者必須依賴其他私人機構提供的保障，像是保險公司提供的本金保障、避險的延伸性金融商品像是信用違約交換（Credit Default Swaps，簡稱CDS）[①]，或是信評機構提供的信用評等。

　　影子銀行的基本營運模式，是利用短期借貸的資金投資在長期的資

產。這種期間的錯位可以創造獲利的機會，因為在正常情況下，長期利率會高於短期利率。影子銀行也可能投資風險較高的資產，以獲取額外的風險溢酬。這種類銀行的營運模式在某些情形下顯得相當脆弱，特別是當投資人不願意延展短期借款時。因為沒有聯準會作為最後的資金提供者，影子銀行可能被迫出售資產以因應投資人贖回。在市場恐慌的時候往往必須大幅折價賣出資產，出現大額虧損。2008年金融危機和2020年的新冠疫情爆發期間，影子銀行的大量賣出是造成恐慌的原因之一。

影子銀行體系沒有嚴謹的定義，像是交易商、貨幣市場基金、ETF、投資機構、證券化商品等都可以算是影子銀行。近數十年來，影子銀行體系規模早已大幅躍升，影響力甚至超過了商業銀行。本章接下來會介紹幾種較知名的影子銀行類型：初級交易商、貨幣市場基金、ETF、不動產抵押證券、私募投資基金，以及證券化商品。

初級市場交易商

初級市場交易商擁有和聯準會直接交易的權利。它們是金融體系運作的核心，傳導聯準會公開市場操作的方向。聯準會要執行其貨幣政

---

① 譯註：信用違約交換：是一種供投資人規避信用風險的契約。由信用風險的買方與賣方進行交易，買方有權利在契約期間一旦約定的投資標的發生違約時，將該債券以面額賣給賣方，換取投資該債券的保障。買方在契約期間內需定期支付一筆固定的費用給賣方（類似權利金），若契約到期未發生違約，賣方即獲得權利金收入。通常當權利金越高時，代表信用風險越高。

策，必須經由初級交易商才行②。例如，聯準會藉由買進公債執行量化寬鬆政策，只能向初級交易商購買③。目前有二十四個初級交易商和聯準會交易，幾乎涵蓋了所有國內外大型銀行④。這是由於初級交易商須符合特定的條件與需求，並承擔責任，這對小型交易商而言成本太高。例如，初級交易商被要求更頻繁的揭露參與債券拍賣的交易，以及向公開市場操作平台提供市場訊息。

　　交易商就像是金融商品的超市。超市向廠商進了各式各樣的貨品後放入倉庫，擇時拿出來加上利潤賣給消費者。同樣地，交易商預先買進不同的金融商品，像是公司債或美國公債，留在手中直到其他投資人要求買進。交易商也會拿買進來的金融資產做擔保，在附買回市場上借錢。通常這是隔夜拆款，交易商每天都要展延，直到找到投資人把商品賣掉。交易商讓投資人能夠輕易買賣有價證券，沒有交易商這個角色，金融系統不可能運作。

　　除了撮合金融商品的買賣外，交易商也有金融中介的角色，向客戶借錢後再放款給他人。例如，避險基金會拿手中的有價證券做擔保，向交易商借一筆一個月的短期資金。此時交易商可以在附買回市場先做一

---

② 在緊急情況下，聯準會也可以經由大型資產管理公司像是品浩（PIMCO）和貝萊德（Blackrock）進行暫時性的資金管理，像是商業本票融資機制（Commercial Paper Funding Facility）。

③ 聯準會所有的債券交易都是經過聯準會自己的交易軟體，名為FedTrade。在下單交易前，聯準會將預定操作的規劃告知初級交易商後，由交易商參與交易執行。

④ 可參考https://www.newyorkfed.org/markets/primarydealers.html查詢最新的初級交易商名單。

筆一個月的貸款，用同樣的有價證券做擔保，向某個投資人取得資金，再把資金借給避險基金。但是實際上交易商往往不這麼做，它會在隔夜拆款市場取得這筆錢，而不是找到到期日完全相符的貸款。因為隔夜拆款的利率遠低於一個月的貸款利率，交易商可以從中賺到利差：從避險基金收到較高的一個月貸款息，再付給投資人較低的隔夜拆款息。這種型態的交易稱為「附買回對應交易」，因為兩個附買回的交易可以相互抵銷。

交易商會被視為影子銀行，主要是因為其扮演的金融中介角色。交易商在隔夜附買回市場借到的錢，就如同商業銀行的存款。它們取得了隔夜借款之後，不是借給客戶，就是拿來買進有價證券。這樣的風險類似銀行：投資人也有可能不再展延隔夜拆款。一旦發生，交易商只得被迫賣出證券以歸還借款，這也會讓證券出現賣壓。如果規模太大，價格大幅下跌，引發市場震盪，投資人更不願意展延借款，造成證券更大的賣壓的惡性循環。最終就爆發金融危機。

這正是 2008 年所發生的事。2008 年 3 月，華爾街的主要投資銀行和初級交易商貝爾斯登（Bear Stearns）的次級抵押證券的投資失利。消息傳開後，投資人擔心借出去的錢拿不回來，紛紛停止展延向貝爾斯登的借款。貝爾斯登因此被迫大量折價出售資產以籌資金。資產價格下跌，引發了其他投資人開始擔心對所有交易商的借款安全。直到聯準會介入作為市場的最終資金提供者，重建了市場信心和秩序，混亂才告一段落。聯準會並不常借錢給初級交易商，但在這樣的情況下，它可以運用其緊急放款權。這是根據聯邦準備法 13(c) 的授權[⑤]，並成立「初級市場

交易商流動性機制」（PDCF）[6]。這個流動性機制基本上是專為初級市場交易商所開設的貼現窗口。

聯準會如何紓困影子銀行

聯準會只和初級交易商往來，不過經由初級交易系統，聯準會也可以間接把手伸進金融系統的黑暗角落。這是因為初級交易商和全球主要的金融機構都有聯繫，聯準會的政策能夠透過這個網絡傳遞下去。

初級交易商提供了金融機構需要的流動性，並依照流動性的高低定價。當影子銀行需要資金，它會通知交易商賣掉手中的金融資產來套現，或是跟交易商借錢。交易商會針對證券報價，如果是借錢則會報一個利率。

散戶投資人能登錄交易帳戶，賣掉手中持股換取現金；而很多時候影子銀行手中的資產是沒有集中市場交易的。例如，公司債和政府公債都沒有集中的交易所。但凡沒有集中交易市場，交易價格的決定就得靠交易商的關係，根據電腦模型或市場狀況來定價。

初級交易商用來買進證券或提供放款的錢，是從其他客戶手中借來的，通常是貨幣市場基金。它們也能向聯準會借錢。聯準會提供的融資條件就會影響交易商報給影子銀行的價格。例如，如果初級交

---

⑤ 譯註：Section 13 原條文主旨為 Powers of Federal Reserve Banks。見 https://www.federal-reserve.gov/about-thefed/section13.htm。

⑥ 見 2008 年 3 月 16 日聯準會新聞稿："Federal Reserve Announces Two Initiatives Designed to Bolster Market Liquidity and Promote Orderly Market Functioning." 網址：https://www.feder-alreserve.gov/newsevents/pressreleases/monetary20080316a.htm。

易商能向聯準會借到1%的錢，全市場的利率報價也就高不了多少。
2019年9月，隔夜附買回利率突然飆升2%，幾天之內衝破5%。
記住，交易商高度依賴隔夜放款，因為它們的資產都是長天期的證
券或放款。利率飆高瞬間讓交易商陷入麻煩，大家瘋狂尋找隔夜拆
款，提高利息來吸引投資人掏錢。市場的恐慌最後仍是由聯準會出
面，向初級交易商承作附買回解決。為了有效壓低利率，聯準會可
以無限量提供資金給交易商，交易商取得廉價資金後再轉借給市場。
在新冠疫情爆發期間，初級交易商從聯準會手中借了大約4,000億美
元，買進影子銀行手中根本賣不掉的資產。加上避險基金、不動產
抵押證券以及ETF都在找錢，聯準會也是經由初級交易商間接對它們
進行紓困。

2020年下半年，初級交易商從聯準會取得的附買回利率逐漸回到
零。鉅額的量化寬鬆資金吃下了金融系統裡的政府公債和機構不動
產抵押證券，以供給初級交易商現金。

（10億美元）　　　　**聯準會附買回發行量**

資料來源：FRED，每週均量

貨幣市場基金

　　貨幣市場基金是一種特殊型態的投資工具，它只投資短天期證券，允許投資人隨時可提領，第二天即可交割。貨幣市場基金在信用品質和投資天期都受到法規的嚴格控管，使得貨幣市場基金成為一種相對安全的投資。實際上，投資人考慮貨幣市場基金就是看中它無風險的特性。投資1美元在貨幣基金上，幾乎可確定未來任何時間取回來都不會有損失。從這個角度來看，貨幣市場基金非常類似銀行存款。

　　貨幣市場基金大致可分為兩種類型：政府的貨幣基金和初級市場貨幣基金。政府貨幣基金只能投資政府發行的證券，而初級市場貨幣基金可投資非政府的證券。不過實務上，初級市場貨幣基金大部分還是投資政府發行的證券，以及外國商業銀行的證券。外國商業銀行大都注重企業金融，通常不會有消費金融業務。也就是說，沒有穩定的散戶存款作為基礎，必須主動向機構投資人（像是貨幣市場基金）借錢來管理現金流。

　　貨幣市場基金的投資期間很短，很多都是隔夜拆款，最長天期也不得超過397天。證管會針對貨幣市場基金投資組合的到期日有非常詳盡的規定，目的是降低擠兌風險。因為貨幣市場基金的資產到期日都很短，永遠有滿手的現金以因應投資人提領。此外，貨幣市場基金大部分持有短期的政府證券，能夠在市場裡快速套現。

　　貨幣市場基金受到大多數投資人青睞，視為銀行存款的替代品。投資人期望投資1美元貨幣基金後，賺取市場利率，需要錢的時候就能提

領。不過，貨幣市場基金不是商業銀行，不能向聯準會貼現窗口借錢，投資人也不受存款保險的保障。在缺乏政府背後支持的情形下，市場出現恐慌時，投資人也就容易受到傷害，初級貨幣市場基金就是如此。實務上，機構法人比較傾向把錢放在初級貨幣市場基金裡，因為初級貨幣市場基金把錢分散投資在不同的銀行裡，比起全部放在同一家銀行裡存款要安全得多。

　　貨幣市場基金是影子銀行的重要資金來源。部分投資在貨幣市場基金的錢會在金融中介機構之間流通，投資期間比較長。例如，投資人把錢放在貨幣市場基金後，貨幣市場基金用附買回形式借給交易商，交易商再依據天期的搭配將錢借給避險基金。

當貨幣市場基金崩潰時

投資人往往將貨幣市場基金和銀行存款混為一談：放 1 美元在貨幣市場基金，提領時不會有損失，就像存 1 美元在銀行支票帳戶一樣。不過這樣的假設在 2008 年 9 月時破功，當時最大的貨幣市場基金之一的「儲備初級基金」（Reserve Primary Fund）發生了對雷曼兄弟放款出現損失[7]，意思是投資 1 美元在「儲備初級基金」的價值居然低於 1 美元！[8]

---

[7] Baba, Naohiko, Robert McCauley, and Srichander Ramaswamy. "US Dollar Money Market Funds and Non-US Banks." *BIS Quarterly Review*, March 2009, 65–81. 詳見 https://www.bis.org/publ/qtrpdf/r_qt0903g.pdf.

當投資人發現貨幣市場基金居然也會虧損，恐慌心態讓他們要求大量贖回，短短幾天基金就被提走 420 億美元，而這檔基金月初規模還有 650 億美元[9]。「儲備初級基金」不得不賤賣資產來應付贖回，反而讓更多投資人蒙受損失。於是投資人轉向提領其他的貨幣市場基金，因為擔心其他基金淨值也會「跌破 1 美元」。

危機很快散布到所有的初級貨幣市場基金，而它們又是商業銀行的主要出借人，這樣一來，商業銀行拿不到初級貨幣市場基金而斷炊，不得不拉高利率來吸引其他資金。當市場看到商業銀行報出這麼高的利率，很快聯想到可能有銀行還不出錢。這導致金融市場更進一步恐慌。

在這個緊急狀態下，聯準會和財政部只好進行干預。財政部宣布對貨幣市場基金採取臨時保證機制（Temporary Guarantee Program），基本上類似存款保險，保障了投資人免於損失。聯準會宣布貨幣市場投資人融資機制（Money Market Investor Funding Facility），當貨幣市場基金需要賣出資產籌資因應贖回時買進。在政府的支持下，貨幣市場基金的混亂狀況才慢慢緩和下來。

---

⑧ 譯註：儲備初級基金（Reserve Primary Fund）是美國最大的貨幣市場基金之一，當時資產規模高達 630 億美元。2008 年 9 月 15 日公司突然宣布，先前已持有雷曼兄弟發行 7,850 萬美元的短期債，占基金規模的 1.2%。第二天，公司宣布該基金淨值剩下 97 美分，打破貨幣市場基金淨值永遠為 1 美元的慣例。從而引發了投資者大量的恐慌性贖回，二週之內投資人從貨幣市場基金中撤出高達 1,230 億美元的資金，使得美國財政部不得不出面救助貨幣基金。

⑨ "Reserve Primary Fund Drops below $1 a Share amid Lehman Fall." *Reuters*, September 16, 2008. https://www.reuters.com/article/us-reservefund-buck-idUSN1669401520080916.

交易所買賣基金

交易所買賣基金（ETF）是在集中市場買賣的基金，就像交易股票一樣。投資人買進ETF後，ETF管理者會把資金投資在標的股票、債券或商品期貨。例如，公債ETF就標明資金是拿來買政府公債，標普五百（S&P 500）指數ETF就會把資金投資在指數成分股。ETF的一大優勢是流動性，因為它是在集中市場交易，投資人只要在市場交易時段內可以任意賣出。

理論上，ETF的價格應該要反應該標的投資組合的價值。一檔在外流通100股的ETF，持有價值1,000美元的一籃子股票，則每股ETF的價格應該是10美元。但ETF的價格與它的持有標的資產價值之間往往不會相等，機構法人通常會緊盯著兩者的差距，尋找機會從中套利賺錢。繼續上面的例子，如果ETF的價格跌到每股9美元，但標的資產現股不變，此時機構法人就會買進一股ETF，同時要求贖回這一股ETF並取得一籃子標的現股，然後法人便可在市場上用10美元的價格賣出這批現股，獲得中間1美元的價差。反過來說，如果ETF價格漲到11美元，標的現股價格不變，此時機構法人就會買進一籃子標的現股，同時放空一股ETF，同樣能夠賺取中間的1美元差價。

ETF也是影子銀行的一種，雖然ETF可以在交易時間內的任何時間進行買賣，但ETF持的證券本身卻不一定具有高流動性。特別是公司債ETF或小型股ETF。公司債和小型股都不是經常交易的標的，因此若有突發的賣壓就容易導致價格劇烈波動。實務上來說，ETF的贖回機制可

以避免受到特定標的價格變化所影響，因為ETF的贖回是賣掉一籃子的標的證券，本身不會受限於非得賣出某檔特定標的，但是一旦機構法人要從贖回ETF再賣出一籃子證券套利時，就可能導致一連串的賣壓，引發更大的贖回潮。

2020年新冠疫情爆發時，投資人在市場上大筆拋售ETF，造成許多ETF的價格嚴重偏離持有的資產價值。這時法人也慌了手腳，因為市況太差，原本可以贖回ETF同時賣出一籃子證券，但突然發現根本賣不掉：因為沒人要買。

不動產抵押投資信託

不動產抵押投資信託（mREITs）是一種基金商品，投資在不動產抵押證券，通常是由房利美（Fannie Mae）或房地美（Freddie Mac）保證的機構不動產抵押證券（Agency MBS）。這是標準的影子銀行，取得短期資金來投資長期資產。典型的不動產抵押投資信託會承作一個月期的附買回借款，並且持續展延，同時買進到期日在十五至三十年間的抵押證券。

即使長期政府公債的殖利率低到歷史低點，不動產抵押投資信託的年化收益率仍超過10%，因此受到需要利息收入的散戶投資人追捧。不動產抵押投資信託之所以能提供如此高的收益，原因是使用資金槓桿，最高的時候可以是資本的八倍。例如，它可以在一個月期的附買回市場，用0.3%的利率取得資金，投資在三十年期的抵押證券上，年息2.5%，利差就是2.2%。如果再運用五倍的槓桿，年化的利息就會超過

10%。由於抵押證券是受到保證的，不動產抵押投資信託不會承擔任何信用風險。然而，一旦發生類似銀行擠兌的事件，附買回資金無法展延導致資金斷鏈，市場就會瞬間崩潰。這也是2020年新冠疫情爆發期間發生的事。

2020年新冠疫情爆發期間，由於跨市場發生極嚴重的資金調度問題，包括平時流動性極佳的機構不動產抵押證券市場。交易員平時以機構不動產抵押證券為擔保，向不動產抵押投資信託提供附買回資金，這時卻無法確定擔保品的價值，因此要求業者提高現金部位做擔保。同時，許多不動產抵押投資信託業者在利率避險上虧了錢，需要調度現金。為了籌措現金，不動產抵押投資信託不得不出售機構不動產抵押證券。但這不是一個高流動性的市場，價格很快就崩跌了，引發不動產抵押投資信託業者連鎖的賣壓並實現虧損。幾週後，投資人發現他們的投資虧掉了超過一半，有些還更多。

iShares 抵押證券 ETF 價格

資料來源：彭博系統

私募投資基金

　　私募投資基金（Private Investment Fund）像避險基金或私募股權基金（Private Equity Fund），都是向投資人募資，投資在各類不同的金融資產上。這些基金的投資策略差異甚大，很難歸納出通則。有些專門投資在流動性差的資產，包括未公開發行的公司股票、美元計價的外國債券，或是世界各地的農地等。也有投資在流動性資產如上市櫃股票。投資在這種私募型基金無法任意贖回，還要同意資金必須放在投資帳戶一段時間。除此之外，私募型基金會借中期的資金來投資長期標的，避免短期受到客戶的贖回要求而賤賣資產。有些私募型基金採取更積極的策略，拿短期融通資金支應長期投資。當然這樣的策略在面臨類似銀行擠兌的危機、市場不願展延資金時會顯得非常脆弱。

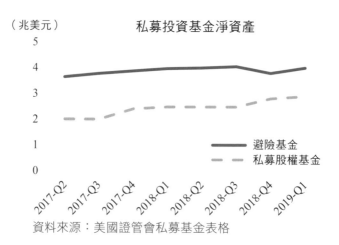

資料來源：美國證管會私募基金表格

現金期貨基差市場爆雷

公債期貨市場具備現金基差交易[10]的特性，是投資人從公債期貨和在現貨市場公債價格之間賺取套利價差的方式。公債期貨是雙方同意依照約定價格在未來某個特定日期交付公債的合約。當公債期貨價格高於公債當時的價格，投資人可以同時賣出期貨，拿著資金買進公債，到了期貨到期日再將公債交付給期貨買方。投資人就把兩者的價差輕鬆放進口袋。

投資人通常還會在附買回市場用融資取得資金買進公債。如果公債期貨價格與公債現貨價格之間的價差大到足以支付附買回的資金成本時，投資人就會獲利。實務上，這種套利的空間很小，因此往往融資額度要夠大，才能產生足夠的獲利數字。這類交易的利潤理論上在期貨合約開始時就可以鎖定，因為兩者基差越接近到期日越會收斂。但現實中，永遠有機會看到在到期日前基差擴大的時候。因為附買回市場期間很短，投資人還必須承擔短期附買回利率的波動，如果利率上升，就壓縮了潛在的獲利空間。公債期貨的基差交易是由於期貨與現貨價格的同步同向移動，而且流動性佳，往往被視為低風險的交易，當市場走勢出現變化時，也可以很快出脫部位。

---

⑩ 譯註：基差交易（basis trading）：基差是商品的現貨價格與期貨價格之差。是現貨價格減去期貨價格。若現貨價格低於期貨價格，基差為負值；現貨價格高於期貨價格，基差為正值。在商品期貨市場中，由於儲藏空間、利息與保險費等交易成本，期貨價通常高於現貨價，基差大都是負值。但公債期貨不存在實體交易成本，兩者價差往往很小，一旦偏離便出現套利機會。

在新冠疫情爆發期間，公債基差交易出現了完全相反的走勢[11]。聯準會調降基準利率到零，引導利率下跌，投資人也大量買進公債以避險。但是公債期貨市場卻漲更多，基差擴大，交易員無法在現貨市場撮合，以致現貨市場失靈。同時基差擴大導致投資人的期貨部位蒙受損失，加上槓桿加乘效果損失甚至一度高達百倍。大量從事這類交易的避險基金被迫出售公債部位，但當時流動性已經很差，因此價格持續下跌，虧損擴大。許多避險基金因此受傷慘重[12]。

證券化商品

　　證券化商品是一種讓一組流動性低的金融資產，經由發行債券活絡其資金運用的融資方式。一般來說，商業銀行承作一筆放款然後賣給證券化商品，商品的發行商則用發行債券拿到的本金買進這筆放款。發行商可以發行不同形式的債券，買進千百筆這種放款，每種債券的風險均清楚揭露。本金和債息的來源則是最初放款的本息償還。每種債券都可根據償還的順位，設計成不同的風險樣貌，清償順位越前面，債券的風

[11] Schrimpf, Andreas, Hyun Song Shin, and Vladyslav Su-shko. "Leverage and Margin Spirals in Fixed Income Mar-kets during the Covid-19 Crisis." BIS Bulletin No. 2, BIS, April 2, 2022. https://www.bis.org/publ/bisbull02.htm.

[12] Basak, Sonali, Liz McCormick, Donal Griffin, and Hema Parmar. "Before Fed Acted, Leverage Burned Hedge Funds in Treasury Market." *Bloomberg*, March 19, 2020. https://www.bloomberg.com/news/articles/2020-03-19/before-fed-acted-leverage-burned-hedgefundsin-treasury-trade.

險也越低。這種證券化商品的所有者會在所有的債券投資人都獲得清償後，再分得剩餘的部分。一檔證券化商品就像是一家銀行，從投資人手中借錢，承擔信用和流動性風險，並從中獲利。

最知名的證券化資產是抵押貸款，其他像汽車貸款、信用卡貸款、學貸等也都很普遍。凡是能提供穩定現金流的金融資產，原則上都可以拿來證券化，包括像連鎖速食店的加盟金、行動電話月租費或音樂版稅等。證券化提供了包羅萬象的資產類別一個投資的機會，讓借款人能夠接觸到各種類型的投資人。

證券化商品的盛行在2008年金融危機期間扮演了很重要的角色，它徹底改變了許多商業銀行的營運模式，傳統的商業銀行承作放款後便一直持有，這樣一來每筆放款對銀行來說都須小心評估。由於商業銀行屬於高槓桿經營，只要有5%的放款變成壞帳，銀行就可能破產倒閉。但證券化商品的興起讓商業銀行承作放款時收一筆手續費，然後將其賣給證券化商品就行。因此不少商業銀行的經營模式，從原本的賺取放款利息變成賺取放款的手續費。因為已經不需要自己持有放款，銀行也漸漸不在乎放款的品質。風險已經轉嫁給證券化商品的投資人了。

當影子銀行從陰影裡出現

2007年8月，一種在影子銀行裡偏冷門的商品 —— 資產抵押商業本票（Asset-Backed Commercial Paper，簡稱ABCP）[13] 出現擠兌。這是一種借短支長的投資工具：在貨幣市場中發行商業本票借入短期資金

（商業本票是一種長天期且流動性更低的資產。ABCP的抵押資產種類繁多，可以是無擔保債券，到期日通常只有幾個月），用這筆資金投資在銀行放款、公司的應收帳款，或是有價證券。一般運作下，ABCP必須持續展延短期借款以提供抵押資產的資金。在極盛的時候，ABCP就像是從貨幣市場基金拿錢的商業銀行。

然而，ABCP的投資人並沒有如商業銀行般享有保護機制，必須自行尋求私部門提供保障。例如ABCP不受銀行法規的投資限制，因此它們高度仰賴信評機構的評估來決定投資標的安全性。ABCP也不屬於聯邦存款保險公司的承保範圍，因此只有另外找保證人擔保。保證人多半也是商業銀行，負責控管ABCP風險，更多時候是當ABCP裡的資產出現問題時，保證人就需要吃下這些商業本票。

2007年7月，兩家大型的避險基金因為投資鉅額的次級房貸相關的證券而被清算；8月的第一週，著名的次貸放款業者「美國家庭房貸」（American Home Mortgage）申請破產保護。這代表了當市場對次貸抵押資產的價值失去信心時，由「美國家庭房貸」擔保的ABCP也不會獲得買回保證。市場上開始擔心整個ABCP的資產品質，因而拒絕展延放款。2007年7月整體ABCP的市場規模尚有1.163兆美元，但一個月後硬生生少了2,000億美元，剩下0.976兆美元。

由於參與保證，ABCP的恐慌開始外溢到商業銀行。投資人不願意展延債務，商業銀行被迫介入，並提供融資支持其ABCP的資產。這加深了商業銀行的流動性疑慮，同時也把商業銀行和潛在信用損失掛鉤，

---

⑬ 更詳細的說明請見 Covitz, Daniel M., J. Nellie Liang, and Gustavo A. Suarez. "The Anatomy of a Finan-cial Crisis: The Evolution of Panic-Driven Runs in the As-set-Backed Commercial Paper Market." *Proceedings*, Federal Reserve Bank of San Francisco, January 2009, 1–36。

反應在銀行間拆款利率飆升，迫使聯準會和歐洲央行再次介入以安撫市場情緒。不少美國和歐洲的銀行都是ABCP的保證人，因此這個問題是全球性的。

央行的介入確實有效，市場很快平靜下來，但投資人不知道這才是風暴的開始。一年後，2008年初貝爾斯登的垮台再度震撼金融市場，這段經過在本章前面已經介紹。

聯邦家庭貸款銀行：政府擔保的影子銀行

政府擔保企業（GSE）扮演著極重要的角色，但在金融市場和實體經濟裡往往名氣不大。政府擔保企業嚴格來說並不屬於聯邦政府，但政府隱含著對其營運做保證。與私人企業不同的是，政府擔保企業並不追逐利潤極大化，而是追求公共政策的執行，像是支持住者有其屋。政府擔保企業當中最著名的是房利美和房地美[14]，不過規模最大的則是聯邦家庭貸款銀行（FHLB）。

聯邦家庭貸款銀行於1932年成立，主要業務為提供商業銀行房屋貸款。全美共有十一個區域銀行，以類似合作社的方式組成。每一個地區銀行是由當地的商業銀行成員共同擁有，並持有股份成為會員。會員銀行彼此吸收聯邦家庭貸款銀行的放款損失，也通過發放股利共享利潤。外商銀行則無法成為其會員。

---

[14] 譯註：房利美、房地美是美國著名的特許企業。兩者主要業務都是在美國房屋抵押貸款的二級市場中收購貸款，並向投資者發行機構債券或證券化的不動產抵押貸款證券。

聯邦家庭貸款銀行為政府背後支持的影子銀行，資金來源是機構法人，將借到的錢轉手借給會員銀行，以支持政府的住房政策。實務上，聯邦家庭貸款銀行最大宗的資金是來自政府的貨幣市場基金的短天期借款，並以稍長的天期借給會員銀行。由於隱含政府保證，聯邦家庭貸款銀行得以用極低的利率借錢，轉手給會員銀行的利率也不高，比商業銀行自己在市場上借錢的利率還要低一些。這對銀行來說很有用，尤其是信用評級較低的銀行。

只要銀行會員提供適當的抵押品，聯邦家庭貸款銀行大都會把錢借出去。在市況不好或是民間融資管道變得稀少的時候，它的放款成為重要的融資來源。當銀行遇上資金調度問題時，也會先找它借錢，至於聯準會的貼現窗口非到山窮水盡絕不使用，因為借到的錢上面都會有來自貼現窗口的註記。聯邦家庭貸款銀行的總資產規模大約1兆美元，是金融體系中相當重要的一環。

歷史上，中小規模的銀行是聯邦家庭貸款銀行的主要借款人。這些銀行大都無法進入大宗貸款的批發市場，家庭貸款銀行自然成為這些小銀行最容易得到便宜資金的最佳管道。近年來情勢有些變化，美國大型銀行已經成為聯邦家庭貸款銀行最大的借款人。這是因為大型銀行受限於新的巴塞爾協定III（Basel III）的規範，促使它們在債務承擔變得謹慎。在巴塞爾協定III的架構下，家庭貸款銀行因為有政府支持，放款被視為穩定且可靠。

第 4 章
歐洲美元市場

　　歐洲美元是美國以外地區美元的總稱。「歐洲美元」這個名稱是源於1956年首筆境外美元在歐洲發行[①]。歐洲美元市場的擴張一部分是由於商業銀行的合法套利，另外一部分是外國人對美元需求的持續增加。1944年布列頓森林協議創造了新的貨幣體系，全球脫離金本位制，改採美元本位。隨著美國國際地位上升支撐其全球霸權，即使後來由於歐元區的出現和中國勢力成長，美國的影響力略減，但美元勢力的擴大卻有增無減。美元體系不斷增加其影響力，這也使得聯準會的責任跨越了美元本土，延伸至境外。

[①] 詳見 Murau, Steffen, Joe Rini, and Armin Haas. "The Evolution of the Offshore US-Dollar System: Past, Present and Four Possible Futures." *Journal of Institutional Economics*, 2020, 1–17. https://doi.org/10.1017/S1744137420000168。
也可參考He, Dong, and Robert N. McCauley. "Eurodollar Banking and Currency Internationalisation." *BIS Quarterly Review*, June 2012, 33–46. https://www.bis.org/publ/qtrpdf/r_qt1206f.htm。

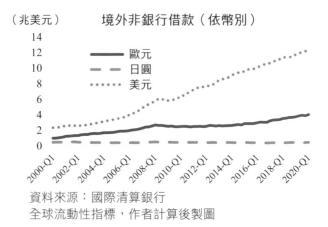

（兆美元）　境外非銀行借款（依幣別）

資料來源：國際清算銀行
全球流動性指標，作者計算後製圖

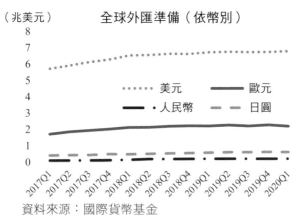

（兆美元）　全球外匯準備（依幣別）

資料來源：國際貨幣基金

　　境外市場包括歐元、日圓以及其他貨幣，但規模均無法與境外美元市場相比。美國以外的非銀行美元借款總額大約13兆美元，遠遠超過其他主要貨幣如歐元和日圓的需求。再看官方的外匯準備資料，美元占所有國家外匯準備的60%，其他貨幣的需求完全無法相比。美元的需求如此強勁，可歸納出以下幾個原因：

　　安全性：美元被公認為安全避風港。無論世界上發生什麼事故，投資人第一個想到的就是美元。美元背後有全球最強大的軍事力量、最大經濟體、相對完善的法治系統，以及過去數十年中央銀行維持的穩定物價。美國的投資人可能以為這一切來得理所當然，但這種安全性卻不是任何地方都看得到。許多國家為高通膨、不良的行政管理或政治上為求生存的鬥爭所苦。例如，阿根廷過去數年忍受著每年10至50％的高通膨。因此，許多阿根廷人寧願持有美元。2011年歐元區出現解體的危機，歐元兌美元大幅貶值。後來加上英國脫歐、反歐元區的政治勢力抬頭等，讓歐元區的未來一直處於不穩定的狀態。

　　貿易需要：全球貿易基本上是以美元為基準，大約占了全球貿易額的50％，以及40％的跨國支付[2]，即使許多交易的雙方都不是美國人。例如，日本自沙烏地阿拉伯進口石油是以美元支付；韓國電子大廠向泰國的貿易商採購零組件，也可能支付美元。美元的網絡無所不在，許多支付是在萬事達（Mastercard）和威士（Visa）的支付網絡中，美元被每個人所接受，因此也都持有美元。

　　除了國際間的接受度高之外，持有美元的另一項優勢是匯率風險低。這是因為許多國家或經濟體選擇讓它們的貨幣緊貼美元，持有美元和持有當地貨幣的差別不大。這樣形成的「美元集團」影響甚廣，超過

---

[2]　BIS Working Group. "US Dollar Funding: An International Perspective." CGFS Papers No. 65. BIS Committee on the Global Financial System, June 2020. https://www.bis.org/publ/cgfs65.htm.

全球GDP的50%[3]。集團內成員像是沙烏地阿拉伯，早已明示該國貨幣緊盯美元；還有其他像中國和墨西哥，過去有一段時間也把貨幣盯住美元。

低成本：外國企業在美元借款或發債的利率低於當地貨幣利率時，寧願借美元享受低成本[4]。聯準會壓低美國的短期利率，讓基準利率水準低於其他國家，銀行的美元借款也就跟著調降，對外國人來說更具吸引力。這對新興市場國家如中國或巴西特別有感，這二個國家當地銀行借款的利率比美元借款利率要高上好幾個百分點。類似的情形也發生在民間借款，聯準會的量化寬鬆政策壓低了公債殖利率，引導了依據殖利率定價的民間部門借款或發債的利率也跟著下降。外國人會發現借美元比借當地貨幣要便宜得多，還不如借美元划得來。

流動性：美元資本市場是全世界最大、流動性最佳的市場。多數國家的資本市場不如美元來得成熟，寧願選擇用美元籌資。例如，澳洲銀行發現，即使某些投資是澳幣資產，借美元比借澳幣方便得多；美元資本市場的規模足以容納各方投資人，大額借款也比澳洲市場來得容易。於是澳洲銀行經常進行美元和澳幣的換匯交易。其他例子像是，發行美元計價債券強化了美元在全球貿易的地位。外國企業持有美元，除了方

③　McCauley, Robert N., and Hiro Ito. "A Key Currency View of Global Imbalances." BIS Working Papers No. 762. BIS, December 2018. https://www.bis.org/publ/work762.htm.

④　McCauley, Robert N., Patrick McGuire, and Vladyslav Sushko. "Global Dollar Credit: Links to US Monetary Policy and Leverage." BIS Working Papers No. 483. BIS, Jan-uary 2015. https://www.bis.org/publ/work483.htm.

便支付款項外，發行美元計價債券也方便得多。

　　同樣的道理，美元容易儲存也是持有美元的原因之一。美國公債市場既廣且深，投資人就算擁有大額美元，也能輕易找到出口，而且幾乎沒有風險。在這裡複習一下，美國公債就像是付息的貨幣。機構法人和高資產客戶擁有龐大資金，流動性是重要考量。中國即使和美國不對盤，手中還是有上兆美元的公債，因為資金別無去處，沒有其他市場有足夠的深度吸納這些資金[5]。

　　上面說明了外國人持有美元的原因，但為何他們寧願在境外持有？美國人在國內持有美元可謂理所當然，但許多外國人即使在當地，也自然而然持有美元。這裡有幾個原因[6]：當地人對於當地的銀行較為熟悉，就算要美元也會找當地的銀行；另一個原因是，外國人比較相信美元，但不相信美國政府。例如俄國人會在倫敦開戶存美元，持有境外美元能讓投資人分散母國國家風險帶來的匯率風險。最後一個原因是，離岸銀行的美元存款利率長期都較美國本土銀行要高一些。

---

[5] 譯註：由於中美近年來在政治、經濟、外交、軍事上的競爭，加上2022年美國大幅升息壓低債券價格，反應在中國外匯存底的持有結構上。根據中國人民銀行的資料，截至2022年底，中國外匯存底約為3.18兆美元，過去長期約有三分之一以美債形式持有，但2022年全年，中國總計減持美債1,732億美元，根據美國財政部資料，中國的美國公債部位下降至8,670億美元，約僅占四分之一多。同時人行提升非美資產占比。其中黃金的增持最為明顯。中國2022年共進口1,343噸黃金，是2018年以來的最高水準，比2021年增長64%。

[6] He, Dong, and Robert N. McCauley. "Offshore Markets for the Domestic Currency: Monetary and Financial Stability Issues." BIS Working Papers No. 320. BIS, September 2010. https://www.bis.org/publ/work320.htm.

　　境外美元市場包括了境外美元銀行及境外美元資本市場。如果只計算對非銀行人士的放款，兩者的規模大致都在6.5兆美元左右。境外美元的借款來源多數不是來自美國本土，而是其他境外地區。美國本土銀行對境外非銀行人士的放款規模相對較小，大約1.6兆美元。另外財政部的資料顯示，美國的投資機構大約持有2.6兆美元的境外美元債，這還包括了銀行客戶發行的各式證券。

　　銀行和投資人其實都樂於借錢給境外人士，因為可以分散投資組合風險，也有機會獲得較高的收益。境外借款的限制較多，因此也願意支付較高的利息。並且，許多境外借款需求來自經濟成長率較高的新興國家，他們也有能力支付高利息。投資境外市場還能讓銀行和投資人分散投資組合的國家風險，尤其是政治風險。

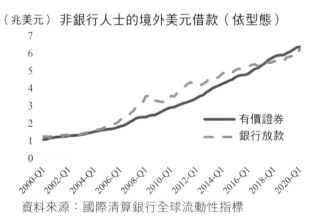

（兆美元）非銀行人士的境外美元借款（依型態）

資料來源：國際清算銀行全球流動性指標

境外美元銀行

境外美元的銀行系統分為兩個部分：一是既存的監管套利（regulatory arbitrage），二是成為外國人需求美元的中介。根據2018年的資料，離岸銀行系統的總規模大約有10兆美元[7]，約占全球美元銀行系統總值的三分之一[8]。這比前面提到的6.5兆境外美元銀行放款要大得多，因為銀行除了放款之外還持有美元資產，像是公債或其他類型債券。

離岸銀行的監管套利業務過去數十年來時好時壞。一開始，美國銀行發現它們可以把銀行業務搬到境外中心像是開曼群島或倫敦，以規避法規限制。1950年代境外美元存款首次在倫敦出現，到了1970年代大行其道。當時本地銀行受限於「Q條例」（Regulation Q）和「D條例」（Regulation D），業務擴展受限[9]。「Q條例」規範美國銀行國內存款的利率上限；「D條例」則限制了美國銀行接受存款時持有提列存款準備

---

[7] Aldasoro, Iñaki, and Torsten Ehlers. "The Geography of Dollar Funding of Non-US Banks." *BIS Quarterly Review*, December 2018, 15–26. https://www.bis.org/publ/qtrpdf/r_qt1812b.htm.

[8] 根據聯準會H8表及美國信用合作社管理局（NCUA）的季報，機構法人的境內存款大約20兆美元；國際清算銀行的資料顯示，外國銀行在美國以外的美元負債大約10兆美元；聯邦存款保險公司的報告中，國內銀行大約有價值1.4兆美元存款是存放在其海外分支機構，但其中多少是美元計價存款則沒有說明。

[9] 譯註：「Q條例」、「D條例」是聯準會制定的金融條例中，依字母排序的第Q條和第D條，「Q條例」是對銀行存款利率的限制，避免銀行惡性競爭提高風險。「D條例」是規定美國商業銀行對國外銀行的負債，以及本國對海外分行的美元放款必須提列10%存款準備金，美國國外分行則不受此項條例約束。後來都簡稱「Q條例」、「D條例」。

金的額度。然而，境外美元存款不受這些條例的約束。因此美國的銀行有足夠的誘因大力推廣境外業務，提高存款息來吸引客戶，擴大放款規模但不用顧慮準備金率。實際上更多的存款戶來自國內，把錢匯到海外分行存款，分行再原封不動匯回國內總行。技術上來講這屬於境外及國際匯款，但實際上純粹是美國銀行系統內部的作業。後來即使法規修正，離岸銀行業務依舊蒸蒸日上。直到2008年金融危機後，銀行業開始注重風險控管，海外分行業務被嚴格檢視，並進行大規模裁員，這項業務才快速消退。

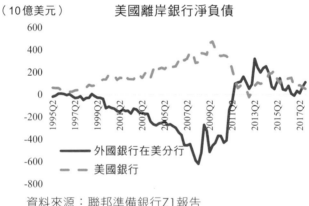

（10億美元）　　　美國離岸銀行淨負債

資料來源：聯邦準備銀行Z1報告

　　第二波監管驅動的離岸銀行風潮是歐洲銀行業面臨金融風暴，而且一直持續好幾年。當時法規對於歐洲銀行的風險交易的規範，較美國銀行業要寬鬆得多，承作的量體也大。[10] 歐洲銀行當時非常熱衷投資美國的抵押資產，它們向美國貨幣市場借了大筆的錢。例如，歐洲銀行的美

國分行能向美國的貨幣市場借錢，再把它匯回歐洲的總行，就能當作投資美國抵押資產的本金。歐洲銀行其實是拿美國人的錢投資美國的資產而已。而在爆發金融危機後，這些錢被要求平倉，歐洲銀行業因而損失慘重。

　　監管驅動的離岸銀行風潮著實不小，但它們本質上與美國銀行業的中介角色不同。歐洲銀行拿了美國人的存款，最終還是投資美國的資產。這股資金潮直到歐洲和美國銀行業因為金融危機後大量裁員才銷聲匿跡。近年來，境外美元銀行的資金流動和美國已沒有多大關聯，反而大都是兩個外國企業體之間的事[11]。例如日本銀行向韓國企業提供美元借款。

　　這種純粹的境外資金流動一直都是離岸銀行的主要活動之一，在監管驅動的風潮過後仍是離岸銀行的主流業務。單純的離岸美元運作模式堪比國內銀行，差別只在於因為外國人需要，離岸銀行便創造美元並持有[12]。積極創造美元放款的離岸銀行，正是我們在美國常見的那幾家全球大型外商銀行，而美國的銀行其實很少放款給境外人士。

　　離岸銀行與國內銀行之間有一個重要的差異，在於主要客戶不同。離岸美元銀行主要的客源是企業和機構法人，而國內銀行主要是服務一

---

[10]　He, Dong, and Robert N. McCauley. "Eurodollar Banking and Currency Internationalisation." *BIS Quarterly Review*, June 2012, 33–46. https://www.bis.org/publ/qtrpdf/r_qt1206f.htm.

[11]　同上。

[12]　Friedman, Milton. "The Euro-Dollar Market: Some First Principles." *Federal Reserve Bank of St. Louis Review* 53 (July 1971): 6–24. https://doi.org/10.20955/r.53.16-24.xqk.

般個人客戶。一般外國個人客戶通常會使用自己本國的貨幣，不太需要美元。這個差異造成了離岸銀行運用美元資金發展業務的面向和國內銀行大為不同。

國內銀行依賴穩定的散戶存款，離岸銀行則必須利用貨幣市場工具積極管理資金，像是定存單（certificates of deposit，簡稱CDs）和換匯交易（FX swaps）。這也說明了離岸銀行的擠兌風險較高。當金融市場出現動盪，一般存款戶大都選擇文風不動，因為他們的存款大多數有政府的存款保險的保障[13]。但機構法人的資金部位遠遠超過政府保障的限額，對金融情勢變化更為敏感，一有狀況就會立刻把錢從商業銀行搬走，轉往無風險的資產。也因此過去只要風暴出現時，法人就不再展延原本的定存單和換匯交易的借款，讓銀行不計代價到處找錢。在新冠疫情爆發期間，外國銀行總共向聯準會緊急調度了將近5,000億美元填補資金缺口。

外國銀行如何創造美元？

在上述的例子中，我們說明了美國國內銀行如何利用聯準會準備金創造放款，但在跨行交割，最後創造貨幣。如果外國銀行在聯準會有帳

---

[13] 譯註：美國商業銀行的存款戶每戶都受到聯邦存款保險公司（FDIC）最高25萬美元的保障，台灣則是由中央存款保險公司承保，每人在同一銀行的新台幣存款（含郵政儲金）、外幣存款（如美金、人民幣等）的本金及利息，歸戶後總計最高保額新台幣300萬元。

戶，就可以做同樣的事。大型外國銀行通常有聯準會的帳戶，但小銀
行就沒有了。小型銀行雖然同樣可以承作美元放款業務，但它必須利
用美國銀行的存款但進行跨行交割的方式才行。簡言之，小型外國銀
行是在既有的部分準備金制度上面，創造出另一個部分準備金制。例
如，有一家小型外國銀行承作一筆100美元的放款給一家外國企業，
在小型銀行的資產負債表上會持有美國B銀行（美國的大型銀行）50
美元存款當作準備金，以及從放款創造出來的外國企業的100美元存
款。假設外國企業要支付10美元給其供應商在美國C銀行（另一家
美國銀行）的帳戶，這家外國銀行就要支付10美元給C銀行，於是
外國銀行就會要求B銀行依指示支付C銀行。B銀行依指示將10美元
的準備金轉入C銀行帳戶，然後再從外國銀行在B銀行的50美元存
款項目扣除10美元。

外國公司（FCo）向歐洲小型銀行（SEB）借100美元，然後向供應商（S）買進10美元的零件

資產	負債
＋$100歐洲小型銀行存款 -$10支付給供應商（S） ＋$10零件（S）	＋$100放款

歐洲小型銀行（SEB）支付10美元給供應商（S）

資產	負債
＋$50 B銀行存款 ＋$100外國公司（FCo）放款 -$10 B銀行存款	股東權益 ＋$100外國公司（FCo）存款 -$10存款支付供應商（S）

供應商（S）收到外國公司（FCo）的貨款

資產	負債
+$10 C銀行存款 -$10 零件存貨	

C銀行收到B銀行支付貨款

資產	負債
放款 +$10 準備金（來自B銀行）	股東權益 +$10供應商（S）存款

B銀行依歐洲小型銀行（SEB）指示支付

資產	負債
放款 -$10 準備金（支付給C銀行）	股東權益 -$10 歐洲小型銀行（SEB）存款

上例有幾個重要概念：第一、中央銀行準備金比率和準備金的數量沒有限制。歐洲美元系統可以將存款視為中央銀行準備金，因此只要存款一直增加，規模可以無限擴張。假設國內銀行帳上有100美元的準備且準備金率為10%，隱含國內總存款額不會高於1,000美元[14]。但如果是外國銀行有100美元的存款，可以全部拿來承作放款並創造美元存款。外國銀行不受聯邦準備銀行的規範，可以依本身的風險承受

---

[14] 譯註：這是典型的貨幣創造方式，簡略公式：存款數額/準備金率=$100/0.1=$1000。

能力，自己決定存款準備金率的高低。請注意，越低的存款準備率，代表銀行的獲利能力越高，但遇到大額提領或銀行擠兌時，經營的風險也會變大。

第二、貨幣數量的成長是源於銀行的獲利能力。如果高品質、高利率的放款越多，銀行就更樂於放款。銀行的獲利能力大都來自放款的淨利差，也就是放款賺的利息和取得資金成本之間的差異。理想狀況下，存款利率為零對銀行最有利，如果不是，銀行就得在貨幣市場以市場利率取得資金。有一種評估銀行獲利能力的方法，就是觀察殖利率曲線的斜率，特別是三個月和十年公債之間的利差。利差越大代表銀行獲利越好，也隱含經濟成長前景較佳。

不是所有的存款都一樣

2008年金融危機的風暴核心在銀行業，銀行（包括影子銀行）持有太多有毒資產，償債能力備受疑慮，當時有許多存款戶擠兌。銀行被迫出售資產以應付提領，更加大資產價格下跌，引發更大的危機。為了防止類似情況再度發生，全球的監管機關設計了一套新的規範，稱為巴塞爾協定III（Basel III），目的是讓銀行體質更為健全，卻也改變了銀行的架構。

巴塞爾協定III要求銀行持有更多的高品質資產，像是政府公債，以增加安全性；同時鼓勵承作更可靠的負債[15]。監管機關依據不同銀行債

---

[15] 這個規範的正式名稱為「債務覆蓋率」（Liability Coverage Ratio）。

務在壓力測試下的「黏性」分為不同等級，散戶的存款被視為「最黏」（stickiest），而銀行或影子銀行的無擔保存款被視為最不可靠。散戶存款有存款保險的保障，遇到恐慌的機率很低；銀行及影子銀行在面對投資人的請款要求時，存款往往會被提領一空。

法規的改變促使銀行從根本上重建其負債結構。大型國內銀行受到的管制最多，因此放棄了許多影子銀行的客戶，轉向增加散戶銀行業務的比重。影子銀行開始把錢移到中型美國銀行或外國銀行，它們受到巴塞爾協定 III 的規範比較少。

此外，陶德—法蘭克法案（Dodd-Frank Act）的改革進一步促使銀行結構的轉變。法案中修改了聯邦存款保險保費的計算方式[16]，存款保險的費率將視銀行提供存款戶的保障程度作為評估標準。過去，聯邦存款保險的費率是依據美國銀行的國內存款數額大小來計算。新的評估方式擴大了評估基礎，全部資產減去有形權益資本（tangible equity）的部分都列入計算，並且依照風險基礎調整係數。這樣的改變促使美國銀行大幅降低機構法人在貨幣市場籌資的比重，轉而增加更可靠的散戶存款。美國銀行業也同時減少貨幣市場籌資，機構法人轉向外國銀行調度資金，這部分不受聯邦存款保險的約束，也不列入保費評估。

結果，新規範讓大量的法人資金流出國內銀行，轉進外商銀行，有些則流向其境外機構。

---

[16] Kreicher, Lawrence L., Robert N. McCauley, and Patrick McGuire. "The 2011 FDIC Assessment on Banks Managed Liabilities: Interest Rate and Balance-Sheet Responses." BIS Working Papers No. 413. BIS, May 2013. https://www.bis.org/publ/work413.htm.

境外美元資本市場

有資金需求的人可以在境外發行美元計價債券來籌資。近年來，境外美元債券發行量的成長率已超過境外美元放款。債券發行人的身分十分多元，有外國政府、外國企業、外國銀行，甚至有些還是美國企業。

有境外資金需求的人通常會有兩種選擇；向銀行借款或發債。選擇發債往往是成本考量。債券利率通常是依據美國公債殖利率為基準，這個基準利率在2008年金融危機期間跌到歷史低點。境外美元債發行的成長過程和境內債很像：低利率環境吸引了大量的發債需求。

境外美元債理論上可以在任何管轄地發行，但最大的發行地集中在幾個主要的金融中心，像是倫敦。大型金融中心的資本市場更有深度及專業度。銀行家聚集此地，大型投資基金也熱衷在此購債。實務上境外美元債的發行多半依循英國或紐約的規範，因為其法律系統為國際社會遵循，一旦有爭議，投資人和債券發行人也會選擇紐約或倫敦的法院尋求解決，並在其管轄地執行。有時執行上頗為棘手，因為資產所在的管轄地並不了解判決的執行。投資阿根廷的美元計價債券多次被美國法院判定違約，並扣押其在國外港口的船舶作為抵押[17]。

境外美元債的投資人包括美國本地人和境外人士[18]，後者占大多

---

[17] Jones, Sam, and Jude Webber. "Argentine Navy Ship Seized in Asset Fight." *Financial Times*, October 3, 2012. https://www.ft.com/content/edb12a4e-0d92-11e2-97a1-00144feabdc0.

[18] He, Dong, and Robert N. McCauley. "Offshore Markets for the Domestic Currency: Monetary and Financial Stability Issues." BIS Working Papers No. 320. BIS, September 2010. https://www.bis.org/publ/work320.htm.

數。美國本地人投資這種境外產品的原因多半是被境外美元債的高利息吸引，特別是那些高成長的新興市場發行的債券。境外美元債讓美國本地人能參與高成長投資，而且不用承擔匯率風險。

境外美元資本市場和境外美元銀行關係密切，因為境外籌到的美元通常會回存到境外銀行裡。大多數情況下，境外債發行人從境外銀行手中借到美元存款，再存到另一家境外銀行。境內外市場彼此連結，但多數境外銀行的活動都沒有美國本地人的身影。境外銀行創造美元放款的同時也創造了美元存款，這些美元在境外系統裡流通，用來支付和投資。有些投資在境外美元債之後，資金可以繼續流通。

多數境外債的投資人是境外人士，不過境外人士大多數的美元部位是投資在境內證券上。總計境外投資人持有大約20兆美元的美國證券[19]。例如，外國中央銀行用它們的外匯存底持有約7兆美元，大都投資在安全性高的資產，像是美國公債和機構不動產抵押證券。外國中央銀行保留部分美元現金用於當地民眾換匯，或是用於政策操作，像是匯率干預。日本和歐元區的利率低於美國，當地機構法人因此大量增持美元資產，像是美國公債、機構不動產抵押證券和美國公司債。通常會同時承作換匯交易來規避匯率風險。

---

[19] "Foreign Portfolio Holdings of U.S. Securities as of 6/28/2019." U.S. Treasury, April 2020. https://ticdata.treasury.gov/Publish/shl2019r.pdf.

美元是大規模殺傷武器

原則上境外美元如果沒有和境內美元連結，其實並不能算是美元。歐洲美元系統對美國而言是境外，但無論最初是否與美國銀行體系連結，最終還是回到美元的交易體系中。因此美國政府對美國銀行業有管轄權，同時也延伸到境外銀行。也就是説，美國政府幾乎管得到全世界銀行系統內流通的每一塊美金。下面是一個例子説明中間如何運作。

假設哈薩克的一家銀行（K銀行）有一筆美元放款，對客戶承作了1,000美元的放款並記錄在帳上。客戶提走了這1,000美元，支付給在美國供應商的美國銀行帳戶（U銀行）。K銀行於是支付1,000美元給U銀行，方法有二種：①如果K銀行在聯準會有帳戶，它可以支付1,000美元準備金給U銀行；②如果K銀行是以銀行存款的方式存在美國商業銀行，它可以指示銀行支付U銀行1,000美元。在第②種情形下，K銀行的美國銀行帳戶會支付1,000美元準備金給U銀行，並減少K銀行存款帳戶1,000美元。無論哪一種方法，交易最終都會回到美國銀行系統。

即使K銀行把美元存在非美國的商業銀行，供應商也在非美國的銀行開戶，結果仍然會是一樣。假設上例當中，K銀行的美元是存在倫敦的商業銀行，供應商的銀行帳戶在巴黎。此時K銀行會要求倫敦銀行支付給巴黎銀行1,000美元，假設倫敦銀行在美國商業銀行持有美元，而該美國銀行有聯準會帳戶，而巴黎銀行排除萬難開立了聯準會帳戶，因此不需要在其他商業銀行持有美元。此時倫敦銀行會指示美

國的銀行匯 1,000 美元到巴黎銀行，計入供應商的帳戶。另外美國銀行會支付巴黎銀行 1,000 美元的準備金。因此即使收付雙方都是外國銀行，美元交易最終仍會回到美國的銀行體系裡。

美國政府除了控制美國的銀行系統外，還有將任何人排除在美元體系之外的權力。如果美國政府要制裁某個人，這個人在全世界的美元系統中就不能收付一毛錢。銀行非常重視制裁的命令，因為如果違反，後果不堪設想，銀行也會被排除在美元體系之外，對銀行而言如同判了死刑。2014 年 6 月，法國巴黎銀行（BNP Paribas）坦承援助蘇丹、伊朗和古巴躲過美國的制裁，在美國的銀行體系中進行美元匯款，最終被裁罰 90 億美元的天價罰款。近年來，美國政府更加延伸這樣的權力去控制美元，這可以說是擁有最強大的非致命武器，因為它會讓被排除在金融體系之外的人進入石器時代。受美國制裁的伊朗，如今賣石油給歐元區時，歐元區國家是拿黃金支付。

全球的中央銀行

　　前美國財政部長康納利（John Connally）的名言：「美元是我們的貨幣，卻是你們的問題」。1971 年美國脫離金本位制時，他的這段話令外國官員大感震驚。脫離金本位讓美國擁有更大的空間操作財政政策，但也引導了美元大幅貶值。全球金融市場從此陷入混亂，美國官員卻冷眼旁觀，不帶絲毫同情。

　　過去數十年間，美國的政策制定者對美元和國際金融情勢的影響越發敏感。部分原因是全球經濟越來越緊密，國際間經濟疲弱和金融情勢動盪很容易傳導到美國國內，大量的境外美元系統隱含幾個重點：它的確強化了美國貨幣政策對外國經濟體的影響；同時也明顯提升了金融市場動盪的風險。

　　聯準會對美元利率有絕對影響力，而美元又是全球貨幣，因此聯準會的貨幣政策具有典型的長鞭效應。例如，新興市場的中央銀行想要提高利率以抵抗通膨，但如果聯準會此時將利率設在相對較低的水準，新興國家的企業就會傾向借美元，因為美元被廣泛接受，甚至好感度高於本國貨幣。從成效上來看，聯準會其實已經掠奪了這些國家央行的貨幣控制力。

　　大規模的境外美元市場也帶來了潛在的動盪，因為境外市場的參與者不像美國銀行，有聯準會在背後作為最終的借款人。如果美國的銀行突然面臨資金短缺，無法應付收支，但整體金融情勢並沒有什麼異狀，該銀行還能向聯準會貼現窗口借錢。這個安全性幫助銀行免於擠兌。

　　歐洲美元的銀行系統就沒有如此好的安全性。外國銀行在美國的分行能夠連結聯準會的貼現窗口，但多數外國銀行在美國沒有分行。精確地說，大型外國銀行大都在美國有分行，但中小型銀行就沒有。申請並維護聯準會帳戶費時費錢，中小型銀行大都不會這麼做，它們寧願在商業銀行持有美元存款就行。當它們面臨擠兌時，會到大額資金市場去買美元。如此一來，美元的短期利率就會被推升，金融市場免不了一陣動盪。

　　在2008年金融危機和2020年新冠疫情爆發期間，聯準會都開放對外國銀行借款以支持境外美元市場，經由換匯交易的管道借款給外國銀行。方式是由聯準會借錢給外國中央銀行，再由該國央行借給當地銀行，以維持管轄權的完整[20]。聯準會此舉並無不妥，因為錢是借給外國中央銀行，信用風險相對較好，也能提供外匯作為擔保。只不過這樣一來，聯準會實際上已形同全球的央行，所有的金流最終還是回到美元銀行系統裡。

[20]　Aldasoro, Iñaki, Torsten Ehlers, Patrick McGuire, and Goetz von Peter. "Global Banks' Dollar Funding Needs and Central Bank Swap Lines." BIS Bulletin No. 27. BIS, July 16, 2020. https://www.bis.org/publ/bisbull27.htm.

第 2 部

市場

第 5 章
利率

　　利率是所有資產價格訂價的基本要素，無論是金融資產或實體資產。例如，買房子時得考慮房貸抵押利率的高低，才能決定願意出多少錢；企業敵意併購另一家公司時，也會計算發行垃圾債券的籌資成本；投資人買股票時會依據現金流量和風險調整後利率[①] 來決定合理股價。資產是用貨幣來計算成本，而利率則是貨幣的成本。

　　美元資產的基礎利率就是公債殖利率，也就是公債投資人持有到期所得到的報酬率。公債殖利率被認為是無風險（risk-free），所有的風險資產投資都以它為基礎。投資人會先看買公債會賺多少，再和標的資產提供的潛在報酬率做比較。只要是風險性資產，投資人往往會預期更高一點的報酬，反應持有該資產所額外承擔的風險時，多要求一些貼水（premium）。此時公債殖利率的高低對所有資產的期望報酬率有決定性

---

① 譯註：風險調整後利率（risk-adjusted interest rate）：持有風險性資產相對公債，多承擔該資產的風險。例如持有公司債會承擔發行公司可能無法還債的風險，持有公司股票會承擔該公司所在產業景氣好壞，公司可能經營不善，虧損甚至破產的風險。計算投資風險性資產的報酬時，往往會將該資產的產業風險和個別風險分別考慮進去，計算出一個反應這些風險後的利率，通常也就是持有該資產的期望報酬率。

的影響。例如，公債殖利率會決定抵押債和垃圾債的收益，投資人也會拿殖利率計算股票評價的折現率。

公債的發行期限短至一個月，最長可達三十年，不同期限的殖利率連成一條殖利率曲線。在正常情況下，殖利率曲線是一條向上的斜線，意思是長期債券的殖利率會高於短期債券，不過，長債利率受市場買賣力道的影響較大。前面提過，殖利率高低對資產價格有決定性的影響，分析殖利率高低和曲線的形狀能看出市場對聯準會下次決策會議的傾向，以及市場對經濟成長和通膨的期望。

短期利率

聯準會經由控制隔夜拆款利率來控制短期利率水準。理論上，聯準會控制的應該是聯邦基準利率（federal funds rate，聯邦基金利率），這是商業銀行間進行無擔保隔夜準備金借貸的利率。藉由設定聯邦基準利率的區間，聯準會便可以影響短期利率曲線，市場上便會以這個隔夜利率為參考值，決定稍微長天期的利率，像是三個月或六個月。例如，若聯準會設定基準利率在1%附近，並且在可見的未來變化不大，則三個月的借款利率至少會是1%，否則就會有人每天把錢用1%的利率借出去，沒有人會一次把錢借給別人三個月。

過去很長一段時間，聯準會是利用控制銀行的準備金存量來控制基準利率。商業銀行在接受存款的同時，依法必須提列一定比例的準備金，聯準會是唯一能夠創造準備金的機構。每天聯準會的交易平台都會

估算準備金需求，調整整個銀行系統的需求，以維持基準利率在目標區間內。然而，這種控制方法在量化寬鬆政策下顯得過時。量化寬鬆大幅提高銀行的準備金數字，從過去大約200億美元提高到數兆美元。金額太大，無法用調整準備金的方式有效控制基準利率。

今天各國央行都有高額準備金的現象，聯準會控制基準利率的作法變成調整逆回購工具（Reverse Repo Facility，簡稱RRP）的利率，以及銀行存放在聯準會的準備金率兩種方式。逆回購提供了大部分市場參與者向聯準會借錢的管道，包括貨幣市場基金、初級交易商、商業銀行，以及一些政府擔保企業。方式是市場參與者用無風險利率把錢借給聯準會，聯準會提供到期返還時能被接受的利率作為逆回購率，這個利率通常被視為聯準會的利率下限。例如，投資人用隔夜無風險利率1%借錢給聯準會時，也就表示不會用低於1%的利率在其他地方把錢借出去。逆回購的利率是隔夜拆款的最低利率，通常是作為聯準會利率區間的下緣，以保障市場交易時不會低於這個水準。

聯準會利用調整準備金率來確保基準利率在利率區間的範圍內。在金融危機前，聯準會的準備金是不配息的，現在有準備金率的設計，讓商業銀行因而有議價空間，可以選擇要不要向聯邦基金市場用無風險利率借錢，或拿錢給聯準會。如果準備金率是1%，而銀行可以在外放款拿到高於1%的利率，銀行只會放法定的準備金而已。反之，若市場的拆款利率低於1%，銀行便會把所有準備金放在聯準會賺1%就好。商業銀行只有在市場利率低於準備金率時才願意在市場上借錢[2]。因為可以把錢放在聯準會，賺取準備金率和市場利率之間的價差。不過，有些時候

商業銀行認為可以從聯邦基金取得較低成本的資金，甚至會以高於準備金利率的利率借款。這些銀行能推動聯邦基金提高利率到高於準備金利率。準備金利率仍是這些銀行的重要參考利率，聯準會能經由調整準備金利率來引導聯邦基準利率回到目標區間。近年來，聯準會一直利用這種方式調整聯邦基金利率。

聯準會將控制聯邦基金利率視為主要的政策工具，而且盡全力維持這個控制能力。近年來，聯準會只有一次失誤：2019年9月17日。那天隔夜附買回市場的波動相當大，隔夜拆款利率一夕之間漲了二倍，達到5%。聯邦基金市場看到隔夜附買回的利率如此高，便要求聯邦基金提高聯準會的利率區間。聯準會於是再度打開量化寬鬆的閘口，在附買回市場放出數千億美元資金，這個數字自2008年金融危機後再也沒見到過。這股資金潮控制了隔夜附買回利率，將聯邦基金利率壓回到目標區間。

在實務上，逆回購利率恐怕比聯邦基金利率更有影響力。逆回購適用於大多數市場參與者，而聯邦基金利率僅能讓商業銀行參與。也就是說，逆回購利率的變化，影響了大多數市場參與者的機會成本。此外，2008年金融危機之後，監管單位不鼓勵商業銀行在貨幣市場籌資，貨幣基金的影響大為降低，聯邦基金利率對整體市場利率的影響力也大不如前。

---

② 有些機構有聯準會的帳戶，但提存準備金卻沒有利息。包括房地美、房利美、聯邦家庭貸款銀行。因為收不到準備金利息，它們寧願用低於準備金率的利率把資金借出去。

　　聯準會運用對隔夜拆款利率的控制進一步影響債券殖利率曲線。儘管越長天期的利率影響力越低，市場參與者仍會參考聯準會設定的隔夜拆款利率來評價一週、一個月、二個月等天期的利率水準。債券殖利率也是[3]。假設聯準會並不準備調整其利率區間，市場參與者就會預期短天期無風險利率會比隔夜無風險利率稍微高一些；否則，只要在隔夜拆款市場每天把錢借出去，未來可以選擇什麼時候拿回來，而不用把錢卡在較長天期的資產上。然而，當下隔夜利率對更長天期的殖利率曲線的影響力就小得多。因為聯準會期望隔夜拆款利率的調整和它對近期經濟展望相符，因此對近期經濟情勢變化的期望，會影響未來數個月期間的利率。而更長天期的殖利率則是由市場參與者決定。

長期利率

　　聯準會決定短天期利率，長天期利率則交由市場決定。當投資者想投資長天期，應該要考慮幾件事，像是聯準會未來的短期利率展望、未來的通貨膨脹率、這些經濟預測的波動性，以及未來公債市場的供需動態。其中聯準會的政策利率展望只是其中一部分，因此聯準會對於長天期利率的影響就小得多。

---

[3] 實務上，讓隔夜逆回購利率影響無風險利率還有幾個步驟。隔夜逆回購利率影響隔夜國庫券附買回利率，同時也影響較長天期國庫券附買回利率，也因此影響了國庫券價格。隔夜逆回購是無風險利率的交易對手（聯準會），因此聯準會的措施直接影響了隔夜附買回市場。

考慮長天期殖利率的思維可以分為兩部分：短天期利率展望的路徑，和期間的貼水（term premium）。例如，投資十年期公債的利率，應該比在隔夜拆款市場借錢給聯準會並且持續借十年的利率要高一點，因為錢必須放十年無法做其他運用。第一部分有賴市場如何解讀聯準會對未來的看法，換句話說就是市場如何判斷通貨膨脹。幸好市場要判讀未來政策路徑有個簡單的方法。

短期利率期貨市場提供了市場描繪未來短期利率的樣貌。最大宗的短期利率期貨市場是歐洲美元期貨。歐洲美元期貨市場是全球衍生性商品規模最大、流動性最佳的市場。歐洲美元期貨提供了市場對未來三個月LIBOR利率的最佳估計值[4]。因為聯準會對三個月的利率仍有控制力[5]，可以用來猜測聯準會未來行動，也能拿來解讀未來經濟的情勢。

在所有的金融工具中，歐洲美元期貨最能反應經濟基本面。歐洲美元的交易員清楚聯準會的政策會反應經濟表現，因此他們反而更關注經濟數字，即使當時其他資產陷入狂熱或恐慌。在多數時候，交易員的意

---

[4] 譯註：LIBOR（倫敦銀行同業拆借利率）：1980年代，為了統一衡量不同銀行的拆款利率，倫敦銀行同業提供短期貸款平均拆借利率作為基準。倫敦銀行同業拆借利率以五種不同的貨幣（包括美元、歐元、英鎊、日圓、瑞士法郎）以及七種不同的貸款期限進行計算。這意味著實際上每天會發布三十五種不同的LIBOR數字。很長一段時間是全球隔夜基準利率的標準。不過後來銀行通過不當調高或調低利率影響計算平均值的醜聞被揭發，各界同意逐步將該利率淘汰，2021年起用一系列替代利率來確定銀行之間的借貸成本。像英國的英鎊隔夜平均利率指數（SONIA）、美國的有擔保隔夜融資利率（SOFR）、歐洲的歐元短期利率（ESTR）、日本的東京隔夜平均利率（TONAR）及瑞士的瑞士隔夜平均利率（SARON）。

[5] 實務上，LIBOR也有信用風險成分。在市場極端恐慌時，即使聯準會不改變政策看法，LIBOR利率也會升高，因為市場的違約風險提高了。

見會跟聯準會相左。

例如2018年9月，聯準會在利率決策會議後宣布利率「點陣圖」，點陣圖預測在2019年要升息75個基點[6]。歐洲美元期貨市場因此評價未來升息，但當同年12月聯準會微調升息幅度至50個基點時，歐洲美元市場反而預期聯準會將在2019年降息。交易員可能是考慮到12月股市大跌，迫使聯準會改變主意。當這種歧見發生時，市場通常是對的，這次也不例外，結果聯準會在2019年總共降息了三次。

2018年12月—2019年1月
歐洲美元利率曲線

資料來源：彭博資訊

歐洲美元期貨有四個重要的合約日期，分別以到期月份的名稱命名：3月、6月、9月和12月。每個合約都是在押注該月到期日時，三個月的LIBOR利率水準為何。市場上看得到數年的歐洲美元期貨合約

---

⑥ 譯註：1個基點是0.01%，75個基點就是0.75%。

報價[7]，因此市場參與者可以很容易看到市場對未來很長一段時間短期利率的想法。例如，2027年3月的歐洲美元合約價格，隱含了當時市場對於2027年3月時的三個月LIBOR利率的最佳估計值。

市場參與者可以從歐洲美元期貨看到市場對於未來短期利率的最佳估計路徑[8]。他們可以拿來當作基準，和當下交易的公債殖利率做比較，推衍出期間貼水[9]。其實期間貼水很難單單從短期利率中推導出來。不過，至少可以確定的是，投資人在投資長天期公債時會要求較高的期間貼水。

最近幾年，運用Adrian-Crump-Moench模型[10]推算的期間貼水的估計值跌到歷史低點，部分原因是通膨的波動性低，還有投資人持有公債的避險收益所致[11]。在1970及1980年代通膨高漲時期的前十年，通膨水準也是十分低。低波動的環境會讓通膨的預期更精確，也減少了期間貼

---

⑦ 譯註：根據芝加哥期貨交易所的報價，歐洲美元三個月LIBOR期貨合約可以延伸到距離當季近十年後的每季報價。例如2023年3月時，最長可看到2032年12月的合約報價。

⑧ 實務上，三個月LIBOR和聯邦基準利率之間仍會有利差，並且利差會隨時間而波動。分析這種利差的波動需要更複雜的短期利率模型。

⑨ 期間貼水的計算相當繁複，且各模型之間會有不同的估算結果。不同的模型採用不同的參數。

⑩ 譯註：Adrian-Crump-Moench（簡稱ACM）模型是2013年由紐約聯邦準備銀行三位研究員開發出來的利率期間貼水模型。該模型自2017年6月起十年期公債的期間貼水就出現負值，至2023年3月仍是。詳見https://www.newyorkfed.org/medialibrary/media/research/staff_reports/sr340.pdf。

⑪ Clarida, Richard. "Monetary Policy, Price Stability, and Equilibrium Bond Yields: Success and Consequences." Speech, November 12, 2019. https://www.federalreserve.gov/newsevents/speech/clarida20191112a.htm.

水。此外，近年來股票與公債之間的負相關日益強烈，持有公債來抵禦
股票下跌風險變得更有價值，投資人也更願意持有公債，即使期間貼水
很低。

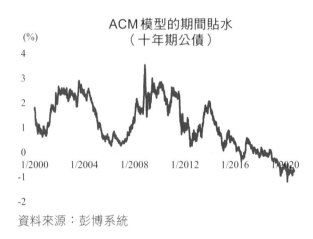

ACM 模型的期間貼水
（十年期公債）

資料來源：彭博系統

　　上面的討論提供了決定長期利率的理論架構，但每日市場的供需動
態也扮演很重要的角色。就像其他產品一樣，供給增加價格就下跌。當
美國公債發行量比市場預期增加，收益率必然會上升，才能吸引更多投
資人投入。可惜的是，公債的供給和需求預測難度都相當高。

　　公債的供給是由聯邦政府依赤字狀況來決定。聯邦政府宣布擴大
赤字預算，市場就會解讀成公債供給將提高，殖利率也會因此上升。財
政部每季都會公告預估的赤字，以便引導投資人預期，但實際上赤字預
估的作用不大，因為赤字的水位最終是由政治角力，而不是市場決定。
政治人物未來可以調整政府支出或稅收，讓先前的預估變得毫無價值可

言。此外，財政部也有權力調整發債期間，集中發行短天期債券對長天期利率的影響不大，但發行長天期債就直接影響長天期利率。並且，隨著時間流逝，財政部還能發行新的天期債券以補聯邦赤字的不足，像是2020年第二季財政部發行了二十年期的公債[12]。這些變數讓供給變得難以預測。

　　未來公債的需求同樣難以預估。公債投資人遍及全球，外國的需求中有一部分是由外國政府的貨幣政策和貿易政策決定的。近年來，日本和歐元區的負利率環境讓這二地區對美公債的需求大增，因為美國公債仍然提供正利率[13]。美國的赤字緩慢但持續增加，因而外國也會持續保有大量美元，並再投資在美國公債上。中國和日本長期對美國有貿易順差，各自持有1兆美元左右的美國公債[14]。當外國調整貿易政策或貨幣政策時，會對全世界的公債需求產生重大影響，但這很難預測。

　　在美國國內，最大的公債買家是聯準會。但聯準會的行動非常難預測，因為聯準會是依據當下金融情勢及政策制定者的個人判斷。2019年，多數市場人士認為聯邦政府赤字上升，預期殖利率會因此上升。但

---

[12] 譯註：2020年5月，美國政府為應對新冠肺炎疫情採取前所未有的措施，大量提高赤字以紓困企業及個人，包括新發行的二十年期公債。甚至市場上討論發行更長期的四十年、甚至五十年期公債。

[13] 譯註：近十年間，日本央行與歐洲央行為刺激經濟，分別在2014年和2016年將基準利率壓至負利率，引導整體殖利率下行。在景氣衰退至新冠疫情期間，甚至十年期公債都出現負的殖利率（日本2016、2019；歐元區2019至2021）。2022年因為全球面臨通膨壓力，央行逐步升息，才逐漸擺脫負利率的桎梏。

[14] U.S. Treasury. "Major Foreign Holders of Treasury Securities," https://ticdata.treasury.gov/Publish/mfh.txt.

到了2020年新冠疫情重創經濟，聯準會決定大手筆進場，在幾個星期內買進1兆美元的公債，並且承諾將持續大量買進。這兩項行動解除了債券需求的警報，並且將殖利率壓在歷史低點。無論新冠疫情的爆發，或是聯準會的大動作，都很難在事前預測。當聯準會積極進場買進公債時，其他影響長期殖利率的因素就顯得不太重要。

除了聯準會之外，大型國內法人像退休金、保險公司、商業銀行和共同基金，由於法令的規範，這些大型資金有誘因長期持有像公債這樣的低風險資產。例如，巴塞爾協定III要求大型商業銀行必須持有大量的高品質資產，美國公債就是其中之一。這類國內投資人的需求十分穩定，不過一旦法規修正，需求就會改變。舉例來說，雖然公債幾乎無風險且安全，但收益率偏低。當法規對風險資產的持有稍微鬆綁，對公債需求就是利空。利率過低對退休金投資來說就是潛在的危機，因為收益率不足以支應其給付義務，長期而言可預期相關法令遲早會鬆綁。

殖利率曲線的形狀

除了殖利率的高低水位外，殖利率曲線的形狀對投資人而言也極為重要。殖利率曲線被當作市場對經濟現況的認知。市場人士對殖利率曲線倒掛極為敏感 —— 長天期利率（通常是十年債）低於短天期（通常是二年期或六個月國庫券）—— 通常是經濟即將進入衰退的徵兆。

回想一下，長天期利率的決定，一部分是來自市場對未來短天期利率預期的延伸。如果長天期利率低於短天期，市場就會預期聯準會將調

降短天期利率，降息會立即傳導到長天期公債的價格上。只要市場嗅到經濟成長走軟，就會預期聯準會將很快採取行動。債市的投資人大都相當有經驗，對經濟情勢極為敏感，他們的判斷往往不能小覷。常常是市場早已察覺經濟走緩，聯準會到了很晚才意識到苗頭不對。

　　殖利率曲線的形狀也受到聯準會行動的影響。聯準會通過量化寬鬆買進長天期債券，壓低長天期利率，整條殖利率曲線因而變平坦。在過去，聯準會同時會賣出短天期債券，買進長天期債券[15]，讓短天期利率上升，長天期利率下降，殖利率曲線走平的效果更為明顯。聯準會投資組合的規模和組成就能影響曲線的形狀。

　　有些評論指出聯準會的干預將會導致公債殖利率無法及時反應經濟基本面。截至2020年中，聯準會持有的公債總額占整體在外流通的公債量大約二成，比重會持續增加，但相對許多央行的干預比重還是偏低。殖利率對經濟情勢的敏感度仍在，即使加上聯準會的行動，利率仍是判斷經濟情勢的最佳指標。

---

[15]　這就是2011年9月21日聯準會宣布的「到期日展延計畫」（Maturity Extension Program）。譯註：即聯準會在短期債券到期時，取回資金轉而投資長天期債券，將投資組合的平均到期日拉長。

(%) 　　　中央銀行資產占GDP的比重

資料來源：Haver，作者自行計算，截至2020年6月

第 6 章
貨幣市場

　　貨幣市場是短期借款市場，期間從隔夜到一年期都有。貨幣市場是
金融體系的地下管道，維持著金融市場運作，但往往不在市場人士的視
線範圍內。影子銀行和商業銀行在建構長期低流動性資產時，需要向貨
幣市場借入短期借款來融通。若沒有健全的貨幣市場，銀行不可能運作
如常。一旦貨幣市場崩盤，金融機構無法展延短期債務，就被迫要賤賣
手中的資產來還錢。

　　貨幣市場工具分為有擔保和無擔保兩種。有擔保是指有資金需求的
借款人會拿金融資產來當作短期借款的擔保品；無擔保的借款則沒有擔
保品，靠的是借款人本身的信用狀況。2008 年金融危機後，新的法規強
化金融體系的安全性，充實資本結構，不傾向發展無擔保貨幣市場。巴
塞爾協定 III 也不鼓勵商業銀行在無擔保貨幣市場裡融資；「貨幣市場革
新」（Money Market Reform）[1] 則大幅降低無擔保市場的借款額。如今無
擔保貨幣市場的交易額仍然不低，但重要性已大不如前。相較之下，有

---

[1] 譯註：貨幣市場革新：由美國證管會（SEC）主導的貨幣市場改革，避免由於貨幣
　　市場失靈及不穩定引發金融市場危機的規範，於 2016 年 10 月 14 日頒布。文件可見
　　https://www.sec.gov/files/mmf-reforms-fact-sheet_1.pdf。

擔保貨幣市場的重要性日益提高，成為資金需求者和監管機關的首選，聯準會甚至設計了有擔保的隔夜拆款參考利率，並且運用附買回市場操作來控制利率水準。

有擔保的貨幣市場

　　有擔保貨幣市場是以抵押金融資產做擔保，借入短期資金的市場。如果借款人違約無法償還，出借人就有權拿走擔保品來抵債。有擔保貨幣市場有兩個主要部分：附買回市場和換匯交易（FX Swap）市場。附買回貸款的擔保品是有價證券，像是政府公債、公司債、不動產抵押債，有些也接受股票。換匯交易借款是兩種幣別之間的匯率交易，交易標的是一種貨幣，而用另一種貨幣做擔保，例如拿手裡的1,000美元來借1,000歐元。

　　附買回交易期間短，借款人「賣出」一批有價證券給出借人，同時雙方約定在未來特定日期，由借款人用較高的價格把同一批證券買回。交易的價格會比該有價證券的市價低一些，讓出借人有額外的安全邊際。在經濟上的意義，這就等同於拿有價證券當抵押擔保來借錢。買回時付出的高一點價格則等同於借款利息。從破產法的觀點來看，這種交易架構有其優點，即使借款人申請破產，出借人可以拿走擔保品，因為實質上這批證券已經被賣掉了。如果沿用有擔保貸款的架構，出借人此時還得經過冗長的破產程序，才能取得擔保品。在實務上，多數的附買回交易都是隔夜拆款，擔保品大都是安全性高的資產，像是美國公債和

機構不動產抵押證券。

附買回市場規模相當龐大，是現代金融體系的基礎。美國附買回市場的規模難以估算，因為許多資料不易取得，但估計大約有3.4兆美元[2]。其中最大的部分是以公債為擔保的隔夜拆款，每天成交金額大約就有1兆美元[3]，同時美國的附買回交易可以在全球主要的金融中心進行跨境交易。附買回被視為極具流動性且低成本融資的市場。

（10億美元）　隔夜一般公債擔保附買回成交量

資料來源：聯準會有擔保銀行隔夜拆款利率

② Baklanova, Viktoria, Adam Copeland, and Rebecca McCaughrin. "Reference Guide to U.S. Repo and Securities Lending Markets." Staff Report No. 740. Federal Re-serve Bank of New York, December 2015. https://www.newyorkfed.org/medialibrary/media/research/staff_reports/sr740.pdf.

③ See Federal Reserve Bank of New York. "Secured Overnight Financing Rate," https://apps.newyorkfed.org/markets/autorates/SOFR.

　　附買回市場基本上認定美國政府債券為現金。公債市場已是全球最大也是最有流動性的市場，而隔夜附買回市場每天1兆美元的交易量，讓公債更進一步能夠隨時、無成本轉換為銀行存款，並且第二天就還原成公債。如果借款人需要較長的借款期間，當然可以利用不斷展延隔夜拆款的方式達到。這樣一來，公債幾乎就像銀行存款，也就越來越等同貨幣，財政部也就擁有了印鈔的權力。

　　附買回市場也是低成本的槓桿來源。投資人可以只拿出一點本金做擔保，從附買回市場借一筆錢來進行證券投機交易。方式是先買進有價證券，同時拿這些證券做擔保，從附買回市場中借到一筆錢，再用這筆錢作為交割款。例如，某家避險基金想要投資100美元的政府公債，可以只拿出1美元，經由附買回交易拿到剩下的99美元就行。執行的步驟如下：

　　第一步：A避險基金從B避險基金手中買進100美元的公債。

　　第二步：同時間，A避險基金在附買回市場找到一個交易員，以99美元的價格賣出這100美元的公債，並且協議明天用99.01美元的價格買回（0.01美元是隔夜貸款的利息）。注意A避險基金不能用100美元賣出，因為中間的交易員會要求一些折價，以保障自己萬一擔保品價格出現變動。在這個例子中，交易員認為公債是高品質的擔保品，因此只要求1%的折抵（haircut）。

　　第三步：A避險基金從交易員手中拿到99美元，加上自己口袋裡的1美元，湊成剛好100美元來交割B避險基金的公債。此時A避險基金其

實只用了1美元便買了100美元的公債。

　　第四步：第二天A避險基金依協議用99.01美元買回這張100美元的公債，多的0.01美元是隔夜貸款的利息。A避險基金當然也可以展延貸款，或是用100美元賣掉這張債券，其中99.01美元還給交易員。

　　實務上，使用附買回做槓桿借錢的人的策略通常是：希望買進的有價證券會增值，他們便可從增值當中扣除附買回借款利息後還有額外的利潤；或者拿買進的有價證券當作他們其他投資組合的避險標的，或是套利策略的標的。無論是何種原因，附買回市場都允許借款人拿一點本金就能借到很大的部位。

　　在附買回市場中借錢的人主要是交易員，或是向交易員借錢的投資基金。通常貨幣市場基金會借錢給交易員，交易員拿到錢後去融資買進有價證券，或是當作資金中介者，將錢再借給避險基金客戶。

（兆美元）貨幣市場基金在附買回市場的投資金額

資料來源：金融研究辦公室

　　貨幣市場基金是附買回市場中主要的現金出借人，每天大約借出去1兆美元的資金。貨幣市場基金習慣利用附買回市場，是因為相當重視流動性和安全性。附買回是一個短期貸款市場，貨幣基金可以輕易找到投資人交易，同時高品質的抵押資產讓它們不用擔心違約風險。貨幣市場基金可以把錢放在無風險的地方並賺取一些利息，需要應付投資人贖回時，也能很快把錢拿回來。

　　近年來，聯準會經由附買回和逆回購工具成為市場中重要的借款人和出借人，它利用這兩項工具來控制附買回利率。聯準會的逆回購工具向貨幣市場基金提供一個安全的資金存放處，並且還有利息。這也讓聯準會能夠維持附買回利率的下限，因為它給了貨幣基金在面對交易員時很大的議價權。聯準會的附買回工具有類似的目的：防止附買回利率飆升。附買回工具向初級交易商提供了無限量的附買回放款以維持利率，為附買回利率設定了軟性天花板（soft ceiling）。如果貨幣市場基金要求的利率高於聯準會附買回工具的設定利率，交易員可以轉向聯準會借錢。逆回購工具和附買回工具之間的利差往往很小，只有幾個基本點而已。

深入探索附買回市場

附買回市場是成交規模最大、也算是最重要的市場，但也是最不為人知的金融市場。它的交易規模達到3.4兆美元，主要分為三個部分：三方回購（Tri-party）、無清算行的雙邊附買回（uncleared bilateral），

以及固定收益清算公司（cleared FICC）[4]。

三方回購是在清算銀行的附買回交易平台上進行交易的行為，清算銀行擔任交易期間的後台作業工作，像是擔保證券的價值、證券保管業務，以及交割程序。在三方回購的附買回交易中，現金出借人並沒有指定收到何種擔保品，例如，要求政府公債抵押時，可接受任何天期的公債（稱為「一般抵押」〔General Collateral，簡稱GC〕）。在美國，唯一一個三方回購平台是紐約美隆銀行（Bank of New York Mellon）所管理。三方回購是一種對各方都很便利的附買回交易模式，因此現金出借人 —— 像是貨幣市場基金或私人公司的公債交易部門 —— 都大量運用這個三方回購平台進行每日的附買回交易。三方回購的現金借款人常常是交易員，他們可以用借來的錢買進有價證券，或是把錢再借給避險基金客戶。根據紐約聯邦準備銀行的資料，三方回購附買回的交易規模大約在2.2兆美元[5]。

固定收益清算公司是指集中清算附買回交易的型式。經由這種清算公司集中清算的附買回市場其實就是交易商之間的市場，因此所有的交易是在交易商之間進行。在清算公司的交易商可以要求特定的貸款擔保品，例如，現金出借交易商可以要求只接受最近發行的政府公債。集中清算的意思是，當兩個交易商同意一筆附買回交易時，他

---

[4] 還有第四部分：一般抵押融資（general collateral financing，簡稱GCF）市場，這是交易員之間在三方回購平台上的附買回交易，但近年來業務大幅萎縮，只剩下1,000億美元左右。

[5] 最新的資訊請參見 Federal Reserve Bank of New York. "Tri-Party/GCF Repo," https://www.newyork-fed.org/data-and-statistics/data-visualization/tri-party-repo。

們就等於接受面對清算公司進行後續流程。如果A交易商同意以公債為擔保向B交易商借100美元，經由角色替換，清算公司此時就分別成為AB兩個交易商的交易對手。A交易商向清算公司借100美元，而B交易商把錢交給清算公司。因為清算公司是公認信用極佳的交易對手，這樣可以降低交易對手風險。同時清算公司也能為所有的附買回交易的借貸雙方做淨額計算，因為清算公司是所有附買回交易的交易對手。交易商的資產負債規模變小了，也省去很多法規上的問題。固定收益清算公司附買回交易的市場規模估計超過1兆美元。

至於**無清算行的雙邊附買回**則是沒有三方回購平台，也沒有清算公司角色替換的交易。這類交易一般是交易商和非現金出借人之間的附買回交易。這類出借人不是規模太小無法進入三方回購平台，就是規模太大、要求的條件超出三方平台能處理的範圍。這類交易沒有官方的統計資料。

　　另一個主要的有擔保貨幣市場是換匯交易，這是外匯借貸的貨幣市場。它的型態和附買回交易很像，只是擔保品從有價證券換成外國貨幣。例如，一筆三個月「歐元─美元」的匯率交換是指用手上的美元做擔保借入歐元。手中有美元的借款人最後會支付美元利息（例如三個月LIBOR），向對方收取歐元利息（例如三個月歐元同業拆款利率〔Euribor〕）[6]。換匯交易能讓投資人持有外幣並規避匯率風險，當然也會消減可能的投資收益。

　　換匯交易是個規模很大的市場，估計每日的成交量大約在3.2兆美元

左右[7]。多數的交易都會關係到美元，無論是交換或被交換的一方。這也反應出美元在全球外匯市場的重要性，即使借貸雙方都是外國企業或個人，對美元都有極大的需求。外國企業在進行國際貿易時需要美元，外國投資人也需要美元進行美元資產投資。在換匯交易中，大多數的美元出借人是美國國內銀行，當美國投資人要尋找外國資產的投資機會，或是外國中央銀行希望增加它們的美元準備收益，都會選擇進行換匯交易。

近年來，美國的利率相較其他已開發國家來得高一些，像是日本和歐元區將政策利率壓到負值，美元利率相較之下仍在正數。負利率讓日本和歐元區的投資人面臨極大的困擾，迫使他們向外尋找收益好一點、同時兼顧可靠的投資標的。只是外國投資都希望匯率風險被鎖定。例如，假設美國政府公債殖利率較日本公債殖利率高出2%，這2%的差距在利率上是很大，但對日圓兌美元的匯率波動來說則相對常見。因此當日本投資人要賺美元的利差，不巧日圓又大幅升值時，很容易把這2%的差距賠光，甚至還可能有損失。換匯交易能讓日本投資人規避匯率風

⑥ 技術上，借款人是在現貨市場買進外幣，同時在遠期外匯市場賣出同一筆外幣，遠期外匯利率已考慮到本國幣與外幣之間的利差。另一種極為相似的換匯換利基差交換（FX basis Swap），交易雙方交換手中的貨幣，期間內計算兩者之間的利差，到期時再將本金換回。換匯交易與換匯換利基差交易本質上是相同的，更多資訊詳見Baba, Naohiko, Frank Packer, and Teppei Nagono. "The Basic Mechanics of FX Swaps and Cross-Currency Basis Swaps." *BIS Quarterly Review*, March 2008, 82. https://www.bis.org/publ/qtrpdf/r_qt0803z.htm。

⑦ "Triennial Central Bank Survey of Foreign Exchange and Over-the-Counter (OTC) Derivatives Markets in 2019." BIS, 2019. https://www.bis.org/statistics/rpfx19.htm.

險，只不過價格往往不合理。除了要支付美元利息外，外國投資人通常還得另付「基差」（basis）。

　　換匯交易跟其他市場一樣，交易狀況也會受到當下供需的變化，這個動態的變化是以匯率交易的「基差」來表示。回到上面的例子。如果當時市場上對美元的需求大於日圓，日圓出借人此時要付的成本超過三個月的美元LIBOR，才能吸引美元出借人的注意。這筆高於LIBOR的額外利息稱為「基差」，基差由市場決定，通常是美元需求的強弱指標。外國投資人想要投資美元資產時，通常也會將換匯交易成本計入，再判斷收益是否夠好。有時基差太大，美元投資反而不吸引人。日圓出借人借來美元，要支付的是美元利息，收到的是日圓借款息。在負利率的環境下，日圓出借人不僅要支付美元利息，還得另付一筆日圓利息。一般來說，美元與外幣之間匯率交換的基差通常不到1%，不過當外匯市場動盪時可能會上升。像是2020年新冠疫情爆發期間，美元需求強勁，一度讓基差衝上1.5%，借美元的投資人要付三個月LIBOR加上1.5%的利率。

三個月日圓─美元基差
（2020年新冠疫情爆發期間）

資料來源：彭博系統

　　2008年金融危機和2020年新冠疫情爆發期間，美元與主要貨幣之間換匯交易的基差大幅上升，在幾個星期內衝高好幾倍[8]。美元融資市場出現極度緊張，因為借款人除非願意支付超高額的利率，否則根本借不到錢。當時美元存款戶退出換匯交易市場，保留美元不借出去，以降低金融震盪的風險，此時，原本在換匯交易市場借短期資金、買進長期美元資產的外國投資人發現美元借款無法展延，只能被迫在市場上低價賤賣資產。有美元借款業務的外國銀行，以及平時以換匯交易管理匯率風險的資產管理人只能被迫支付高利率以展延借款，造成資本損失，退出借貸市場。這些都造成金融市場的嚴重後果。

　　在這兩場危機當中，換匯交易市場的混亂最終仍是靠聯準會介入才穩定下來。聯準會和其他主要央行合作，由聯準會提供美元借款給外國央行，以保護央行準備金資產，各國央行利用這筆美元再借給管轄區內的銀行。這措施有效遏止了風暴進一步擴大，但兩次的危機處理也花了數千億美元。

---

⑧ Coffey, Niall, Warren B Hrung, Hoai-Luu Nguyen, and Asani Sarkar. "The Global Financial Crisis and Offshore Dollar Markets." Federal Reserve Bank of New York Current Issues in Economics and Finance 15, no. 6 (2009). https://www.newyorkfed.org/research/current_issues/ci15-6.html.

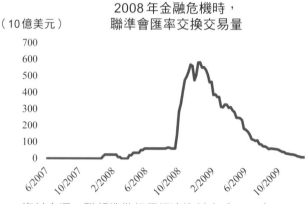

2008年金融危機時，
聯準會匯率交換交易量

（10億美元）

資料來源：聯邦準備銀行經濟資料庫（FRED）

貨幣市場是全球性的市場

有經驗的投資人往往將貨幣市場視為全球性的市場，可以將資金任意移到收益率高的地方。他們先觀察全球各地貨幣市場提供的各式各樣產品的利率，考量匯率避險後的成本，來決定資金的流向。例如，即使歐元區的短期主權債是負利率，美國投資人在考慮避險成本後，仍然發現比正利率的美國公債還要吸引人。

2019年12月市場報價	
三個月美國國庫券	1.5%
三個月法國國庫券	-0.6%
三個月歐元 LIBOR	-0.4%
三個月美元 LIBOR	1.9%
三個月歐元/美元匯率交換基差	0.2%

2019年底時，法國三個月國庫券的殖利率為-0.6%，同時間美國三個月國庫券殖利率為1.5%。從表面上來看，美國投資人把錢放在自家國庫券，比放在法國的國庫券多賺很多（1.5% vs -0.6%）。但如果考慮匯率避險就不同了。如果投資人拿美元交換歐元，投資在法國的三個月國庫券，最終到期時會收到三個月美元LIBOR的借款息、用歐元支付三個月歐元LIBOR（因為是負利率，其實是收到利息）、再加上匯率交換基差、即使損失三個月法國國庫券的0.6%，總結下來收益率仍有1.9.%（1.9%＋0.4%＋0.2%-0.6%＝1.9%），較單純投資美國國庫券還多出0.4%的收益[9]。

只關注在國內利率會對貨幣市場產生偏見，因為貨幣市場是全球性的。經由套利交易，一個國家的利率變動會自動影響其他國家利率。但不是每個投資人都能進行套利，因為套利交易本身複雜度高，每個人的風險承受度各不相同，也因此市場上永遠存在套利機會。

無擔保的貨幣市場

無擔保貨幣市場也是短期借款市場，借款人承諾到期時歸還借款，但不靠任何擔保品，靠的是對借款人的信任。這類借款因為風險較高，利率通常也較有擔保借款來得高一些。在有擔保的條件下，出借人可以依賴擔保品的品質高低來決定出借的額度；在無擔保的情形下，出借人

---

[9] 譯註：這些收益率數字都是以年率計算，不會受到期間不同的影響，實際上投資期僅三個月，真正的收益率要除以4。

必須高度依賴信評機構的評等，來決定借款人的信用程度。一般無擔保貨幣市場工具包括定存單（certificates of deposit，簡稱CDs）、商業本票（commercial paper，簡稱CP），以及聯邦基金。2008年金融危機之後，法規不鼓勵銀行從無擔保貨幣市場調度資金，無擔保貨幣市場的重要性也就大幅降低。

2008年金融危機發生前，商業銀行是此類無擔保貨幣市場的主要參與者。知名的基準利率，亦即三個月LIBOR，就是商業銀行拿來當作承作三個月期無擔保借款所支付的利率基準。在無擔保市場中，借錢對商業銀行而言輕而易舉，並可藉此擴張放款規模，無需擔心存款流出的問題。當商業銀行積極擴張放款，就容易面臨存款淨流出的問題，因為新增的存款有可能隨時被借款人取走，放到其他商業銀行帳戶中。在這種情形下，商業銀行即使沒有擔保品，也只能到市場上借錢。在無擔保貨幣市場取得資金以填補存款的流失。

無擔保貨幣市場當中最大的一塊是定期存單。定期存單其實就是一種定存，只是這種定存在到期前不能提前解約，得等到期滿才能提領。定期存單沒有公開的市場資料，不過在聯準會的資料中，2020年商業銀行的定存大約有1.6兆美元。定存是銀行負債下一個較大的項目，裡面包含定期存單。這種存單提供銀行一個控管現金流量的方式，定期存單存戶也能賺較高的利息。外商銀行是定期存單最大的發行者，因為外商銀行不像國內商業銀行，有穩定的散戶存款基礎。散戶存款可以任意提解，但大多數時間都是放在銀行裡。國內銀行的存戶多半是穩定的散戶，資金很穩定，也有餘力處理部分存款流出的問題。外商銀行沒有消

費金融業務，所以只有依賴定期存單來維持存款。因為依照契約，銀行在定期存單到期前都可以保留存款。

存期存單的客戶對利率非常敏感，即使只有一點利差，客戶也會很快把錢搬到另一家銀行去。定期存單的最大客戶是幾家初級貨幣市場基金，其操作上通常會把錢放在好幾家銀行發行的定期存單上，以分散個別銀行的信用風險。因為定期存單是無擔保的，客戶不會把所有的雞蛋放在同一個籃子裡。同樣的道理，投資人把錢放在貨幣市場基金也是因為基金的分散投資。

另一種無擔保貨幣市場工具是商業本票。定期存單依法只能由商業銀行發行，而商業本票可以由任何公司行號發行。商業本票也是一種短期無擔保債務，但不是存款。如果發行商是金融機構，則稱為金融機構本票。保險公司、金融控股公司、交易商，以及特殊型態金融公司都是這種金融機構本票的發行商[10]。許多非金融機構（亦即一般公司行號）經常發行商業本票，作為營運資金周轉的一部分，像是支付貨款、員工薪資、存貨管理等。這種公司行號發行的商業本票，規模占無擔保貨幣市場的比重較小，但它可以幫助發行商以低於金融機構本票的利率借到錢，即使加上信用評級的因素也一樣。投資人願意把錢放在這些公司行號的商業本票，賺到的利息反而較低，也是著眼在分散投資組合風險，避免過度集中在金融產業上。貨幣市場基金也是商業本票的最大投資人，就像定期存單一樣。

---

[10]　譯註：在台灣，由銀行擔任發行人所發行的本票直接稱為銀行本票。

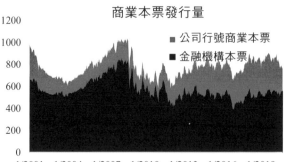

商業本票發行量
■ 公司行號商業本票
■ 金融機構本票

資料來源：聯邦準備銀行經濟資料庫（FRED）

2016 年貨幣市場改革

2016年10月14日，全球貨幣市場出現一場大地震，一個醞釀已久的貨幣市場改革正式生效。有鑑於金融危機期間，幾家初級貨幣市場基金出現問題，造成金融體系極大的傷害，2014年美國證管會首次宣告後，改革的重心就放在如何讓貨幣市場基金更安全。其中一項重大變革是，當市場出現流動性緊張時，初級貨幣市場基金可選擇凍結客戶贖回。這個作法是避免初級貨幣市場基金出現大量擠兌，投資人瘋狂提領現金只會讓基金不計代價賤賣資產，導致更多投資人損失。基金的投資人對此十分擔心，深怕一旦非常需要資金時卻被凍結。因為許多初級貨幣市場基金的投資人是機構法人，管理的是其他人的錢，萬一無法從貨幣市場基金中贖回，可能沒有足夠的現金去因應客戶的提領。由於許多機構法人過度擔心發生的可能，他們甚至集體撤出初級貨幣市場基金，轉往政府貨幣市場基金去了，因為那兒沒有贖回的門檻。2016年10月14日改革生效後數週內，高達1兆美元的資金從初級貨幣市場基金流失。

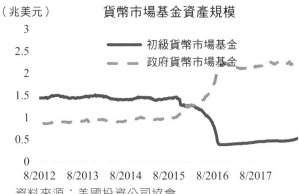

（兆美元）　貨幣市場基金資產規模

——— 初級貨幣市場基金

－ － － 政府貨幣市場基金

資料來源：美國投資公司協會

初級貨幣市場基金是無擔保貨幣市場的最大客戶，因為政府貨幣市場基金依法不能投資無擔保私人部門債務。也就是說，數週之內無擔保貨幣市場一下子少了1兆美元的資金，外商銀行是無擔保貨幣市場最大的借款人，受到的影響也最大。當年接近10月時，外商銀行之間瘋搶初級貨幣市場基金的額度，導致三個月期的LIBOR利率衝到數年來的最高點；另一方面，政府貨幣市場基金湧入大量資金，迫使銀行將數千億美元的頭寸放到聯準會的逆回購中，因為已經沒有其他去處了。

三個月期LIBOR-OIS⑪利差

貨幣市場基金改革期間

資料來源：彭博資訊

> 貨幣市場改革導致無擔保貨幣市場的資金錯置，但很快就回到正軌。幾個月後，銀行端的資金來源出現了變革：以往外商銀行只能向初級貨幣市場發行定期存單，現在可以經由附買回市場向政府貨幣市場基金借錢；政府貨幣市場基金在有公債或機構不動產抵押證券的擔保下，可以在附買回市場上放貸；而銀行從原本大規模的無擔保借款人，轉變為大規模的有擔保借款人，擔保品則是公債或機構不動產抵押證券。

　　無擔保貨幣市場當中最為人所知的是聯邦基金市場。聯邦基金市場是一個跨銀行平台，商業銀行可以彼此借貸隔夜準備金。每天結帳時，銀行從聯邦基金市場中借來足額的準備金以符合法定準備要求，或因應收付所需。從某種意義上來說，借貸準備金也需要成本。聯準會通常就經由調整聯邦基金利率來影響長天期利率和銀行間的借貸活動。

　　聯準會能完全控制銀行準備金的供給量，對銀行的需求也能充分掌握，因此可以操縱基金利率的高低。準備金需求主要是來自法規的要求，根據銀行規模和持有的債務形式，要求維持法定水準的準備金。聯準會完全掌握整體銀行業的準備金需求，並以此調整準備金供給，將基金利率維持在設定的目標區間內。但本書第5章已經提到，聯準會如今已有新的控制基金利率的架構了。

---

⑪ 譯註：OIS（overnight index swap）：隔夜指數交換利率，指隔夜利率交換成為固定利率的利率交換合約，參考利率是聯邦基金利率。

　　儘管無擔保市場仍有一定規模，但相較於金融危機前已經小得多。金融危機本質上是銀行業的危機，影響許多市場參與者，包括銀行原本的無擔保部位。在監管機構的要求下，無擔保貨幣市場對銀行已無吸引力，造成銀行間的無擔保業務幾乎消失，只剩下非銀機構和銀行之間還維持一些往來，但是因為前述的貨幣市場改革，規模也已經大幅縮水。

（10億美元）　　商業銀行同業拆款

資料來源：聯邦準備銀行經濟資料庫（FRED）

聯邦基金市場的結束

即使今天聯準會仍然運用聯邦基金市場來設定政策利率，這個市場早在幾年前就已經名存實亡。2008年金融危機前，聯邦基金市場的規模夠大且相當積極，每天的成交金額達數千億美元。商業銀行每天運用這個基金進行借貸以調整流動性部位。基金市場隨時反應動態變化，基金利率波動性相對較大。這部分因為基金利率的決定，在2016年3月以前是採用加權平均方式，之後則是用中位數決定。

資料來源：聯邦準備銀行經濟資料庫（FRED）

金融危機過後，聯邦基金利率基本上長期不變，就像斷氣後的心電圖一樣形成一條直線。原因有二：量化寬鬆政策以及巴塞爾協定III。量化寬鬆大量增加了中央銀行在銀行體系的準備金水位，從200億美元左右暴增到數兆美元。商業銀行滿手準備金，沒有誘因再向聯邦基金借錢。此外，巴塞爾協定III讓同業間拆款活動變得沒有吸引力，當危機爆發時，銀行間的貸款往往是最早跑掉，留下缺錢的銀行到處找錢，於是巴塞爾協定III鼓勵銀行減少隔夜無擔保借款，讓體質更安全。

今日的聯邦基金市場仍然存在主要是因為法規。聯邦家庭貸款銀行（FHLB）在聯準會裡有帳戶，但依法它的準備金沒有利息，為了讓準備金還能有一點微薄收入，聯邦家庭貸款銀行仍會在市場上放款。部分的外商銀行，因為法規的限制較國內銀行少，願意在市場上向聯邦家庭貸款銀行借錢，再存到聯準會的帳戶中賺點準備金利息。它們的借款利率和得到的準備金率之間的利差相當小。

聯邦基金市場如今早已失去反應資金狀況的角色，聯準會傾向用其他參考利率取代目標利率。像是新開發的有擔保隔夜拆款利率（Secured Overnight Funding Rate，簡稱SOFR），這是以政府公債為

擔保的隔夜拆款參考利率。有擔保隔夜拆款利率每日成交額約在1兆美元，市場參與者多元，更能代表真實的市場借貸情況。並且，聯準會利用逆回購和附買回工具，已經有效控制隔夜附買回市場了。

第 7 章
資本市場

資本市場是借款人不經過商業銀行，在市場上直接向投資人融資借錢的地方。借款期限通常長達數年，和貨幣市場截然不同。資本市場融資和商業銀行放款最大的不同在於，前者無法創造銀行存款，但銀行存款戶可以把錢借給其他非銀機構[1]。從這個觀點來看，它促進了資金更有效率的運用，把錢放在認為能發揮更大效用的人手中。資本市場大致可分為股票和債券市場。股票市場是公司拿所有權的利益換取銀行存款。債券市場是公司拿一張「我欠你」（IOU）的借據，來交換銀行存款，並且按時付息。

股票市場

股票市場是最被公眾關注的金融市場。主要的股票指數像是道瓊（Dow Jones）經常被媒體提到，並且拿來當作衡量整體經濟好壞的晴雨

---

[1] 商業銀行也可以參與資本市場，但並不是主要的參與者。商業銀行拿錢出借到資本市場中，取回資產放到銀行資產負債表上，作為銀行借款的貸項。這和銀行放款的方式一樣。銀行有時也會發行股權和債權證券，將存款轉為權益或債券。銀行向資本市場借錢的行為也減少了銀行體系的貨幣數量。

表。然而，股票市場也是最變幻無常的市場，往往並不能真實反應經濟狀況。一個簡單的觀察可以佐證：股票市場陷入瘋狂時常常會震盪走高，最後卻在短時間內崩跌，即使這段時間的經濟並沒有太大變化。

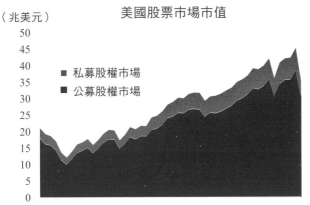

美國股票市場市值

（兆美元）

■ 私募股權市場
■ 公募股權市場

2007Q4　2009Q4　2011Q4　2013Q4　2015Q4　2017Q4　2019Q4

資料來源：聯邦準備銀行Z1表

股市參與者一般用基本面或相對評價的方式來評價股市。基本面分析師常用現金流量折現法來分析公司股價，方法是拿未來一連串的盈利，用風險調整後的折現率折現。先預估未來的盈利再決定折現率之後，基本面分析師就能計算出股票的評價。另一方面，採取相對評價面的分析師會拿類似的股票做比較。例如，製鞋公司的股價相對於其盈利的比例或其他評價方式的結果，比其他類似鞋業公司要高出一截時，股價就顯得太貴了。相對評價法也能用來跨資產類別做分析，像是公債收益率和某支股票未來的期望報酬率。

採用評價方式去預期未來股價表現的困難在於，評價股票價格的指標實在很多，而且沒有某一種方法持續比其他方法來得好。過去一度認為股價－淨值比（Price to Book ratio）夠「低」的股票未來表現較好，但近期的研究則顯示這個指標已不是放諸四海皆準[2]。

被動式投資的興起

過去幾十年，股市的結構出現了極大的變化，主因是被動式投資的興起[3]。越來越多的美國投資人經由雇主提的退休金計畫來投資股市，像是目標日期基金（target date funds）這種不是以傳統主動式投資評價的模式。主動式投資人會根據一些評價模型來決定買賣股票，但被動式投資人並不在意股價。例如，退休基金在每次發薪日都會有現金配置在退休金帳戶裡，無論當時的股價有多貴，這些現金都會有部分投入股市。過去二十多年被動式投資的資金已成為股市的看點，以下是幾個重要的觀察：

‧ 股市趨勢向上。即使股價已漲到高點，每週仍有穩定的現金流入股市，造成股市長期向上的趨勢錯覺。

---

② 有關股票價值面的討論詳見 Fama, Eugene F., and Kenneth R. French. "Common Risk Factors in the Returns on Stocks and Bonds." *Journal of Financial Economics* 33, no. 1, (1993)：頁 3–56. https://doi.org/10.1016/0304-405X(93)90023-5。

其他有關市場結構變化對評價面的影響詳見 Green, Mike, and Wayne Himelsein. "Talking Your Book About Value (Part 1)." Logica Capital, May 14, 2020. http://fedguy.com/wp-content/uploads/2021/12/Talking-Your-Book-on-Value.pdf。

③ 更多訊息見 Mike Green 在 Simplify Asset Management 的文章。

- 大型權值股持續加速擴大市值。退休金帳戶通常會追蹤特定指數，像是標普五百。指數權值股由於占的比重較大，資金配置相對就高，只要是追蹤指數的基金，這樣的配置方式自然會讓權值股價水漲船高。股票的市場深度[4] 有時無法完全反應股票的市值，意思是當資金持續流入大型股，如果沒有對應數量的賣單，股價自然就會被進一步推升。占比高的大型權值股股價一旦上升，代表需要更多的錢去配置才能持續追蹤其表現，這樣也就強化了股價上升的動能。當被動式投資主導市場時，權值股就會大者恆大。這就是近年大型股如微軟（Microsoft）或蘋果（Apple）股價表現如此好的原因之一。這兩家公司毫無意外是三大主要指數的成分股：道瓊、標普五百，以及那斯達克。

- 價值投資似乎失靈。價值投資靠的是股價夠便宜，未來能夠上漲並表現超越市場。這是著名的法瑪－法蘭奇（Fama-French）的研究，他們利用股價－淨值比的方式衡量價值，這在被動式投資盛行之前是可行的。股價便宜的公司大都是小型股，而小型股大都不列入主要指數成分股中，也就無法獲得被動式投資的青睞。價值股過去數年表現大都劣於市場。價值投資的主動式投資人的績效及不上推動大型權值股走高、源源不絕流入的退休基金。

---

④ 譯註：市場深度（market depth，或是個股深度〔stock order depth〕）：指的是市場在不顯著影響價格的情況下，完成大量買賣單的能力。

　　許多市場人士相信「中央銀行賣權」⑤的存在，當股市大跌，主要指數直線下探時，會迫使中央銀行端出救市方案讓股市回穩，甚至推升股價創高。事實上中央銀行根本沒有這樣的政策，但過去十幾年全球主要央行的確做了讓人有如此感覺的事。2010年11月，時任聯準會主席的柏南克（B. Bernanke）在為當時推出的新一輪量化寬鬆政策辯護時，提到股價上升會創造財富效果，有助於消費心態和消費支出的改善⑥。聯準會相信高股價能幫助達到政策目標。這時股市反而成為一種政策工具。

　　2014年，日本央行首開先例，成為第一家開始買進股票的主要央行。政策宣布後幾個月間日本股市大漲，掀起一陣投資熱潮，但隨後幾年依舊上下起伏盤整。當然，這幾年當中有許多非央行政策的事件發生影響了股市，但隨著日本央行一次又一次宣布買進股票，市場的反應越來越冷淡。日經指數從2015至2020年期間表現乏善可陳，但這段期間日本央行持續買進日股，持股已占東京證交所總市值的6%。

　　聯準會並沒有法定的權利可以進場買股，但是聯準會在金融危機

⑤　譯註：「中央銀行賣權」（central bank put）：指中央銀行在股市大跌時推出救市方案（像是量化寬鬆政策）以拉抬股市不致崩盤。賣權（put）是衍生性商品——選擇權的一種，擁有賣權的投資人，當標的下跌時可以獲利。由於2008、2020年二次股市瀕臨崩盤時，聯準會都及時提出量化寬鬆政策，讓金融市場恢復流動性，後來股價指數甚至屢創新高。後來就有所謂聯準會不會對股市崩跌坐視不管，一定會提出救市方案，讓股市回升。就如同擁有賣權在下跌時反而獲利一樣，因此有了「中央銀行賣權」的稱謂。甚至以2008年時任聯準會主席的柏南克為名，稱為「柏南克賣權」。

⑥　Bernanke, Ben. "Aiding the Economy: What the Fed Did and Why." Op-ed. Board of Governors of the Federal Reserve System, November 5, 2010. https://www.federalreserve.gov/newsevents/other/o_bernanke20101105a.htm.

發生時的確可以採取許多措施支撐金融市場。最近幾年聯準會多次將風
險性資產納入資產負債表中的記錄，所以如果有一天聯準會開始買進股
票，應該不會太令人意外。

日本央行持有的日本股市
ETF vs 日經225指數

資料來源：彭博資訊

　　股市不僅僅是指在股票交易所裡掛牌的股票，還包括了許多在單獨
非公開交易的私募股權市場。一般公司想要對公眾釋股，必須經過一定
的法定程序，通過後才能正式掛牌（IPO）。掛牌後公司仍需符合法規，
定期揭露資訊並且對新加入股東的意見做出回應，這些股東對公司的看
法可能南轅北轍，但公司不能損害其利益。相較於掛牌公司可以向市場
投資人募款，但須謹守許多規範，有些公司認為不值得這麼做，他們傾
向在私募市場中募集資金。

　　在私募市場中，公司可以出售股權給合格投資人以募集所需資金，
所謂合格投資人是指符合法定具有一定財富水準或具備專知識的投資

人。這類投資人被認為有一定程度的投資專業與經驗，可以自行對公司進行盡職調查（due diligence），而不需要上市櫃公司的法規保護。未上市公司大都是小型公司，或是不像同業公司那樣具有規模且業務複雜度高。例如，中型家族企業可能向少數機構法人售出部分股權取得資金就夠。機構法人擁有該公司的股權，也可以對該公司的管理提出建議，讓公司的業務發展更好。

有些公司即使規模已達到公開上市櫃的程度，還是想維持私有公司的地位。這其中的優點包括：維持私有地位能讓公司專注在長期發展的策略，因為認同該公司的股東也抱持著長期投資的心態；公開發行上市櫃公司每季都要公布財務報表，有時會被迫追逐短期的利益，但犧牲長期獲利的可能；公開發行公司的所有人還可能面臨敵意併購（hostile takeover）[7]，導致失去經營權。因為任何人都能在公開市場上買進足夠的持股比例，進而取得公司控制權。

私有公司有時的報酬率很可觀，不過平均而言和股票市場的報酬率差不多[8]。私募股權的投資人比較可能面臨嚴重的流動性問題。在公開交易市場中的投資人可以輕易賣出手中的持股，但私募股權沒有集中的交易所，要賣股的投資人必須找到另一批具有資格和經驗的投資人接手

[7] 譯註：敵意併購（hostile takeover）：亦稱惡意併購，是商業上競逐公司經營權的手段之一。通常是指併購方不顧目標公司的意願。或未經與目標公司協商就逕自採取購買公司股權的手段，強行併購目標公司。

[8] Barber, Felix, and Michael Goold. "The Strategic Secret of Private Equity." *Harvard Business Review*, September 2007. https://hbr.org/2007/09/the-strategic-secret-of-private-equity.

才行，除了要提供公司機密資料給對方評價之外，還得花時間談定投資價格。好處是，私募股權投資人不用在上市櫃股票崩盤時急著脫手，因為私募股權投資不需要跟著市價起伏，即使沒有流動性也不至於傷害投資的價值。

不過，缺乏流動性的確會讓一些私有公司走向公開發行。初次發行上市櫃後，當初的私募股權投資人可以順利取回資金出場，私有公司創辦人和投資人的手中持股若以評價模型估算可能價值不菲，但一切都是假定的數字，只有當賣掉股份取回現金後才是真的。當公司上市櫃後，股東們就可以登入線上券商後輕易賣股套現，所有的交易只是在螢幕上閃一下而已。

造市商：一隻看不見的手

股票價格通常在漲時緩步呈現向上，跌時是跳空暴跌。暴跌的股票原因千百種，但其中一項是股市的結構所致。機構法人多半會買進賣權（long puts）來規避下跌風險，同時賣出買權（short calls）來賺取額外的權利金。選擇權的交易商此時大都站在對立方，因此交易商一定得藉由放慢漲勢但加速跌勢來避險。

選擇權的交易商靠的是買賣選擇權的交易手續費，本身對股價漲跌不會有看法，手續費才是他們關心的。例如，當某個投資人要賣出某檔股票的買權，交易商便會持有他的對立部位，手中有該檔股票的買權。如果正好此時股票上漲，買權的價值增加，但因為交易商的營運模式是手續費而非賭股價方向，因此他會放空該股票以規避手中的買

權風險。如此一來，股價上漲但買權的價值被放空部位抵消（這稱為「中性避險」〔delta hedge〕）。另一方面，如果股價下跌，買權價值下降，為了維持中性避險的效果，交易員此時會回補該股票，減少放空部位。因為交易員一開始手中持有的是買權，因此股價越漲就必須放空越多；股價越跌反手買進越多。對這檔股票的股價波動來說起了中和的作用。

然而，當投資經理採取買進賣權（long puts）以保護其投資組合的資產時，交易員就要賣出賣權（short puts），這時候的動態變化就不太一樣。為了避掉賣出賣權的風險，交易員會放空該股票。若股價走跌，交易員的賣出賣權部位出現虧損，但股票放空卻賺錢。若股價越跌，交易員就必須放空更多股票以保持避險的效果，會加重股票的賣壓。然而若股價上揚，賣出賣權的價值增加，此時交易員會回補股票以降低避險部位，這會加速股價上揚。這樣的動態調整反而讓股價有時候會出現突然的暴漲暴跌，起因於避險需求帶來的自我強化循環。當交易員手中是賣出選擇權部位，無論是買權或賣權，實際上交易員是在放空該股的波動（short gamma）[9]。意思當該股價明顯下跌（上漲），賣出的賣權（買權）出現虧損，損失會是以非線性的速度增加。這會迫使交易員加速賣出（買進）該檔股票，以保持避險部位，如此一來便加速股價的下跌（上漲）。另一方面，當交易員手中

⑨ 譯註：在選擇權交易的專用術語稱為short gamma，gamma是股價波動對選擇權價格波動的影響，是對股價的二階微分（前述delta是股價的一階微分）。short gamma的意思是認為在未來一段時間股價波動性不會太大，選擇權價格波動也不會大。下面提到的long gamma是反向的意思，看多未來股價的波動。

是買進選擇權部位，交易員是在作多該股的波動（long gamma），交易員的避險操作和股價走勢相反，當股價上漲（下跌）時便賣出（買進）持股。放空波動性會強化股價的走勢，作多波動性反而會減緩股價原本的方向。

交易員的避險估計以數十億美元計，有時甚至會影響標普五百指數的走勢[10]。交易員常用的是作多波動性策略，但有時股市突如其來的大跌會讓手中的買進賣權部位突然從價外變成價內[11]，此時需要額外的波動性避險。因此如果指數突然大跌，交易員便會放空波動性、同時放空指數來避險，這樣反而強化了股價下跌的力量。這是真實世界中上演的戲碼。

債券資本市場

比起股票市場，債券市場顯得沒那麼迷人，但重要性日益增加，量體也越來越大。公司行號或政府都會發行債券來借錢，債券是借款人以未來還錢的承諾，換取投資人手中存款的借條。當商業銀行出現一筆放

---

[10]　詳見 www.squeezemetrics.com 有每日交易商的 gamma 部位估計量。

[11]　譯註：價外（out-of-the-money）、價內（in-the-money）：也是選擇權的用語。若股票價格大於該股買權的履約價就稱為價內，反之稱為價外。若買權的履約價為100元，若股價目前為110元，稱為價內，若為90元則為價外。賣權則正好相反，股票價格小於該股賣權的履約價就稱為價內，反之稱為價外。前例，若賣權的履約價為100元，而股價目前為110元，稱為價外，若為90元則為價內。

款，會在借款人的帳上記錄一筆銀行存款；但當一般企業或政府向投資人發行債券，投資人會將自己帳上的銀行存款轉到借款人的帳上。發行債券並沒有創造新的銀行存款，債市的存在是讓既有的存款運用得更有效率[12]。

債券市場其實比股票市場更為複雜，因為債券是各方面都可以高度客製化的商品。例如，發行期限（tenors）、利率水準、償債順位（seniority）、債券的選擇權以及其他條款。大型公司大都只有一種股票在交易所交易，但可能發行多種不同類型的債券。有些期限較長，有些較短；有些可能是浮動利率、有些是固定利率；有些是優先無擔保（senior unsecured），有些是有擔保；有些是可贖回債券……等等。甚至政府公債也有不同的年期和票息。這說明了債券市場十分複雜。

另外，債券市場也比股票市場來得不透明。股票的代碼通常是四到五個字母，而債券的代碼是一串九碼的數字和字母的CUSIP識別碼[13]。例如，91282CAE1指的是2030年8月到期的美國十年期公債。任何人都可以在網路上搜尋到股票價格，並且進行買賣，但找一檔債券的CUSIP代碼往往需要連上專業交易平台。並且，大多數的債券不常交易，因此除非直接聯繫交易商，否則很難取得報價及交易資訊。

---

[12] 商業銀行也會參與債券市場。當銀行發行債券時，相當於將原本帳上的存款負債轉換成較長天期的債券，如此一來更能管理現金流；當銀行投資其他債券，相當於創造一筆新的存款，將這筆存款記入發債人的帳戶。對銀行來說，投資債券和增加放款的差別是債券可以拿出來買賣，流動性好得多。

[13] CUSIP（Committee on Uniform Security Identification Procedures）是美國銀行家協會委員會統一證券代碼的縮寫。

　　市場上大都用收益率（yield）來衡量債券的價值，更精確地說是與同年期的公債殖利率之間的利差（spread）。例如，評價一張由微軟發行的五年期公司債，會著眼於這張債券相較於五年期公債提供多少額外的收益率。公債被視為無風險且具高流動性，微軟的公司債提供較高的收益就是在彌補投資人承受的信用和流動性風險。

　　考慮信用風險是評估公司有多大的可能性會違約，而且一旦出現違約能拿回多少比例的本金。信用評等是決定公司信用風險最重要的指標，大型投資機構實際上不會仔細評量每一家公司的財務狀況，大都仰賴信用評等機構的結果。在許多情況下，投資機構會和信評公司白紙黑字寫明要求，只投資一定評級以上的債券。評級越高的公司，融資的利率就越低。一旦公司的評級被調降到投資等級以下，它的債券利率就大幅升高，因為許多投資機構不許買進所謂的垃圾債券。

　　流動性風險是考慮投資人在債券到期前需要現金時，在市場上賣出的難易程度。美國公債可以在全世界各地買賣，並且沒有時差限制。其他類型的債券交易沒有如此頻繁，有時市場情勢不佳，投資人可能要大幅折價才能把債券賣掉。當市場缺乏流動性時，債券與公債殖利率間的利差就會擴大。

　　債券市場通常被視為經濟環境的風向球，因為它對經濟環境的變化相當敏感。債券投資人只關心按時收息並取回本金，股票投資人則夢想著公司有朝一日能推出殺手級產品，好讓股價一飛沖天。債券投資人除了利息和本金以外拿不到額外的好處，卻可能因為公司付不出利息而損失慘重。因此，公司的營運一旦出現狀況，公司債的價格就會立刻反

應，但有時股價卻不一定。

　　多數人對股市比較了解，也多半會積極參與，但了解債券市場複雜性的人卻少得多。舉例來說，2020年6月著名的租車公司赫茲（Hertz）申請破產保護，其債券價格立刻崩跌到一文不值，反應市場對其東山再起已經不抱希望。在破產程序中，所有的債券投資人的償債順位高於股東，因此一旦公司破產，債券投資人可能還能拿回部分本金，但股東往往什麼都沒有。然而，在赫茲宣布破產保護後，股價卻在散戶大量抄底的哄抬下大幅跳升。這些投資人似乎不太清楚破產程序，但債券投資人早已一清二楚。

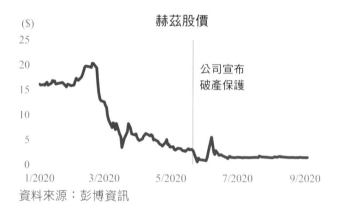

　　債券市場可分為幾個不同的類型，最大的是公債、不動產抵押債，以及公司債。甚他還有市政債（municipal bonds）、資產抵押債等。下圖為三大主要債種的規模。

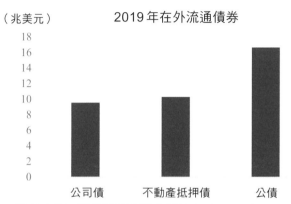

（兆美元）　2019年在外流通債券

資料來源：證券業暨金融市場協會（SIFMA）

公司債市場

　　公司債是許多大型機構的投資標的，最大的是保險公司、退休基金，以及共同基金。另外公司債ETF目前的規模雖然還小，但成長速度快。大致來說，公司債可以分為投資等級（債券信評在BBB-以上）[14] 以及高收益等級（債券信評在BBB-以下，也就是大家熟知的垃圾債）[15]。根據標普的資料，大約85%的公司被評為投資等級，其餘為高收益債。

---

[14] 這是標普（S&P）的評等。標普的信用評等最高到最低是AAA、AA、A、BBB、BB、B和CCC，每一級都另有 + / - 代表正向或負向。另外還有二家評級公司：穆迪（Moody's）和惠譽（Fitch）也有對比的評級。在實務上，這三家主要的信評機構對同一家債券發行者會給予近似的評級。

[15] 譯註：垃圾債券（junk bond）：也稱高收益債券（high-yield bond）或非投資等級債券（non-investment-grade bond）。指信評不佳、利率較高的公司債。本章有詳細解釋。

保險公司和退休基金的投資傾向都很保守，公司債幾乎只買投資等級，
共同基金和ETF則視不同的投資策略而各不相同。標榜高收益的共同基
金和ETF大都配置較高比例的高收益債。

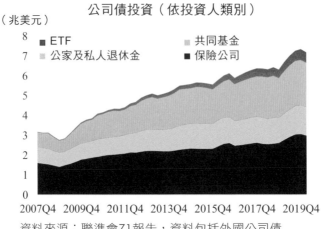

公司債投資（依投資人類別）

（兆美元）

資料來源：聯準會Z1報告，資料包括外國公司債

　　公司債ETF目前在公司債的占比雖然較小，但近年成長迅速。它
的優勢在於具有流動性，在公司債類別中具有價格發現的功能。公司債
ETF持有的投資組合極為分散，但本身能夠像股票一樣每天進出，流動
性比任何公司債都好，因此從ETF的交易可以一窺目前這組債券組合被
市場評價的狀況。ETF價格和標的債券組合的價格之間通常會有落差，
中間的套利機會受到嚴密監控。機構法人可以拿出一籃子公司債給ETF
公司交換ETF股份，也可以贖回ETF股份取回公司債。

　　投資等級債的發行公司大都是大型企業，信用評等較好。近年來，
投資等級債市場規模擴張快速，原因是利率位於歷史低點，和公債的利

差也是歷史低點。評級最好的公司可以發行數十億美元的公司債，利率只比通膨率高一點點，且比大多數的商業銀行放款利率低。銀行評估放款不只是考慮信用評級，還有放款對銀行的法定資本適足率和權益報酬率（return on equity）的影響。公司債投資人沒有這些顧慮，只關心和公債或機構不動產抵押證券的相對報酬。當中央銀行調降基準利率，公債或機構不動產抵押證券的利息也跟著調降，公司債投資人也只能接受越來越低的收益率。

高收益債的發行商通常是那些負債水準比現金流量高的公司，這也是這些公司的信用評級較低的原因。他們大都曾經是投資等級但後來被降評的公司；或是缺乏長期營運記錄的新創公司，而成為投資等級債需要比較長的經營歷史才能證明營運穩定。和投資等級債的狀況不同的是，銀行也能提供類似高收益的產品，稱為槓桿貸款（leverage loans），本質上它是一種高利率的貸款。因為屬於銀行貸款，不像高收益債可以輕易在市場上交易，而且資金用途也會受到更嚴格的限制。這些限制在評估貸款時列為條款，銀行在發放後持續監督。實務上，銀行在發放貸款後會將槓桿貸款打包成擔保貸款憑證（Collateralized Loan Obligation，簡稱CLO），將貸款證券化後銷售。銀行只會保留當中最高順位的債券，其他則賣給願意承擔高風險的投資人[16]。

---

[16] DeMarco, Laurie, Emily Liu, and Tim Schmidt-Ei-senlohr. "Who Owns U.S. CLO Securities? An Update by Tranche." FED Notes. Board of Governors of the Federal Reserve System, June 25, 2020. https://www.federalreserve.gov/econres/notes/feds-notes/who-owns-us-clo-securities-an-update-by-tranche-20200625.htm.

　　就像許多市場人士相信股市有所謂的「中央銀行賣權」，也有越來越多的投資人對債市的「中央銀行賣權」深信不疑。這是因為央行在公司債的市場上逐漸扮演主動買家的角色。

　　2013年日本央行成為第一家開始買進公司債的主要央行，2016年歐洲央行跟進，2020年美國聯準會也跳進來了。這些購債行為是為了改善貨幣政策的傳導機制，壓低公司借款利率以刺激經濟。這個作法跳過了銀行體系傳輸，由中央銀行直接買進公司債來壓低收益率，以降低企業借款成本。央行此舉的確能夠壓低企業的資金成本，但也讓公司債對經濟景氣的敏感度降低了。許多市場人士如今不太在意公司負債的風險，因為他們相信即使基本面轉壞，央行也會盡力維持債券價格在高位。

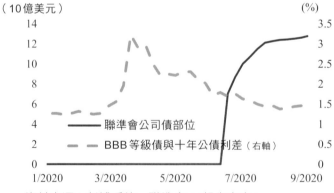

聯準會持有公司債部位 vs BBB等級債利差

資料來源：彭博系統，聯準會H4報告中表4

　　中央銀行購買公司債的數量其實很小。聯準會買進的公司債僅占美國公司債市場的0.1%。不過就像央行其他政策一樣，央行的行動增強了

投資人的信心。許多人預期當金融危機發生時，聯準會將大幅增加購債量以救市。

量化寬鬆如何拉抬股市：企業槓桿

企業可以利用股權或債務融資。股東是公司的所有人，他們共同分擔企業風險。如果公司很賺錢，股票價值就高；反之如果公司破產，股東一毛錢也拿不回來。相反地，持有債券只會收到票息和本金，當公司破產時，債券投資人還能收到資產變賣後的剩餘價值。

公司常用一種發行債券買回自家股票的方式來激勵股價。假設公司承擔的風險有限，股東要求的報酬率為10%，而市場利率水準很低。這時公司可以用5%發行公司債，把借來的錢買回自家股票，如此一來公司整體的資金成本是下降的，相當於公司拿5%的成本支付10%的要求報酬。同時，市場上流通的股數變少了，股東可分得的利潤增加，這是利用財務工程激勵股價上漲的典型手法。

過去幾年，量化寬鬆將長天期利率壓到歷史低點，於是企業占了不少超低利率的便宜，發行破記錄的債券來買回自家股票。一個著名的例子就是蘋果公司，2015年至2019年間，蘋果買回了20%的股票[17]。即使2019年蘋果的淨利和2015年差不多，但每股盈餘卻大幅跳升。原因無他，因為在外流通股數變少了。財務工程手法幫了蘋果公司在四年間股價翻倍。

[17] Santoli, Michael. "Apple's Stock Gains the Last 4 Years Prove 'Financial Engineering' via Buybacks Works." CNBC, July 31, 2019. https://www.cnbc.com/2019/07/31/santoli-apples-gains-are-largely-the-product-of-buyback-financial-engineering.html.

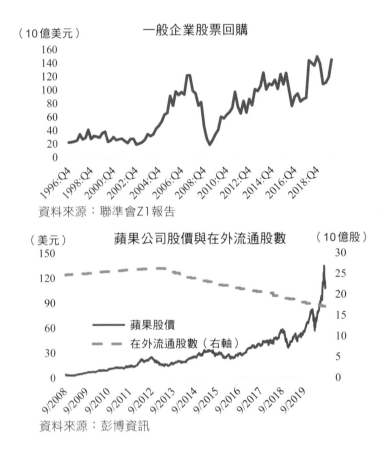

（10億美元）　　　一般企業股票回購

資料來源：聯準會Z1報告

蘋果公司股價與在外流通股數

（美元）　　　　　　　　　　　　　　　（10億股）

蘋果股價

在外流通股數（右軸）

資料來源：彭博資訊

然而，企業利用槓桿做股票回購還是有風險。流通股數減少，代表分擔利潤的人變少了，但也代表分擔損失的人變少了。當景氣下行時，每股分擔的損失也一定會增加，對股價而言是更大的賣壓。因此，企業資本結構中，槓桿的比例越高，公司股價的波動性也就越大 —— 無論是上升或下降。

機構不動產抵押證券

機構不動產抵押證券（Agency MBS）是一種以不動產為抵押，並且由政府擔保的證券。不動產抵押證券背後是一籃子房貸，並且按時付息。政府的保證範圍是不動產抵押證券本身，或是背後的房貸。機構不動產抵押證券是美國第二大債券市場，在外流通市值大約有8.5兆美元。其中獨棟家庭住宅占最大部分，其次是商業不動產（約1兆美元）和多戶家庭住宅（multi-family home）。機構不動產抵押證券的信用風險很低[18]，而且流動性佳，收益率也比同期間的公債來得高一些，因此受到許多保守型投資人的歡迎，像是保險公司、外國中央銀行等。外國投資人持有大約1兆美元的不動產抵押證券，其中60%是亞洲投資人[19]。

房利美和房地美

房利美和房地美是不動產抵押債券市場的兩大巨頭，它們在次級市場提供抵押債券市場流動性，藉以支持政府的住房政策。作法是買進

---

[18] 機構不動產抵押證券是由政府國民抵押協會（Ginnie Mae）進行擔保，因此無信用風險。政府國民抵押協會是聯邦政府的一環，而房利美和房地美則受惠這個擔保來發行抵押證券。二房不屬於聯邦政府但隱含由政府做擔保。這樣的運作在2008年金融危機時受到考驗，最後聯邦政府仍在二房幾近破產之際給予支持，維持了政府擔保的角色。

[19] Kaul, Karan, and Laurie Goodman. "Foreign Ownership of Agency MBS." Ginnie Mae, July 2019. https://www.ginniemae.gov/newsroom/publications/Documents/foreign_ownership_mbs.pdf.

不動產放款，將其打包成證券再賣給投資人。證券內的房貸都有二房的保證，投資人不用擔心屋主繳不出房貸的違約風險。

在二房之前，銀行承作房貸後便一直持有並定期收息。二房的出現讓商業銀行可以選擇將房貸賣出去，只要房貸內容符合一些基本信用條件即可。

今天，房貸大都是非銀行的貸款機構所承作，並且依循「承作房貸—證券化」的營運模式。這些貸款機構取代銀行，向屋主承作房貸，將房貸抵押賣給二房，拿到資金後再進行下一筆房貸，如此循環。設計這個措施的目的是希望商業銀行多承作房貸，當需要資金時可以隨時賣給二房。二房開創健全的房貸次級市場，並且實現「承作房貸—證券化」的營運模式[20]。銀行承作房貸後，便可將其證券化，成為一種投資商品。這些貸款機構賺的是承作貸款的手續費，而不是貸款利息。在2000年代初期，這種努力衝成交量的模式使得貸款機構降低貸款標準，以承作更多的房貸。但金融危機後，法規已大幅限制貸款機構的這種行為。

二房取得貸款機構的房貸，加上一些保證條件後將其證券化，交給抵押債的賣家出售給投資人。二房的保證讓這類證券幾乎沒有風險。因為如果房貸違約，二房就會出面吃下來，投資人不會面對損失。這種證券稱為機構不動產抵押證券。它提供比公債稍高的收益率，風險程度又低，因此受到全世界投資人的青睞。對機構不動產抵押證券的需求促使更多的房貸需求，也鼓勵更多的房貸承作，吸納更多投資人加入。

---

[20] Shoemaker, Kayla. "Trends in Mortgage Origination and Servicing: Nonbanks in the Post-Crisis Period." *FDIC Quarterly* 13, no. 4 (2019): 51–69.

2008年金融危機前，二房因房價飆漲，房市熱絡，收取大量的保證費用而獲利滿滿。到了2008年，二房手中保證的房貸達到了全美房貸總額的一半，房市崩盤後，大量的違約及喪失抵押權（foreclosure）使得二房資不抵債，幾乎破產，政府不得不出手相救。此後二房正式收歸國有至今。

　　機構不動產抵押證券的評價有些複雜。因為房貸戶有權提前還清部分或全部房貸，而公債不能提前償還，有些附有提前還款條件的公司債往往也不會真正執行。提前償還讓投資人拿回本金的時間變得不確定。投資人買進三十年期的機構不動產抵押證券，可能在收了二十五年利息後，因為利率大幅下跌，大批房貸戶決定「再融資」[21]。一旦再融資，新房貸就會拿來償還舊房貸，原本舊房貸的投資人更快拿回了本金。另外一方面，如果投資人買進三十年期的機構不動產抵押證券後，預期本金會提前還款。但後來利率居高不下，再融資的房貸戶數不如預期，投資人收回本金的時間也遞延了。提前償還的不確定性意味著任何評價都要靠模型設定的條件，投資人必須試著估計未來的償還路徑，才能進一步設定現金流量與折現率。

　　自2008年金融危機以來，聯準會成為機構不動產抵押證券的主要買家，目的是維持房市和壓低利率。截至2020年9月聯準會持有的部位已

---

[21] 譯註：「再融資」（refinance）：指轉貸新的低息房貸，取得貸款後償還舊的高息房貸。

達1.9兆美元，大約占機構不動產抵押證券在外流通的20%。因為聯準會的大量買進，激勵了房貸轉化為不動產抵押證券的再售價值。貸款機構承作房貸後，大都會經過機構擔保，轉換為機構不動產抵押證券再賣給投資人。當證券的價格上漲，貸款機構就有意願繼續承作新房貸，即使當時利率已經很低。因為可以用更高的價錢，把這些房貸打包給機構不動產抵押證券的投資人。

私人部門創造了無風險資產

當美國財政部發行公債，就如同有了現金。公債是無風險且容易出售，或是拿來當作附買回借款時的擔保品。2000年代初期有一段時間，私人部門的產品也有同樣的地位。

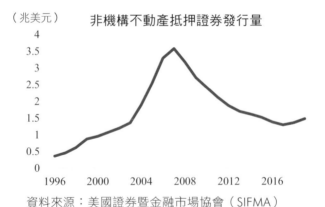

（兆美元）　　非機構不動產抵押證券發行量

資料來源：美國證券暨金融市場協會（SIFMA）

2000年代初期，有個標榜私人部門的不動產抵押證券化產品快速擴張。這種私人部門的不動產抵押證券同樣是以房貸做抵押，卻是不同於政府擔保企業如房利美、房地美的保證機制。相反的，貸款的發放對象

還有不少是信用評級較低、甚至沒有正式收入的一群人。財務工程專家將這些房貸打包，利用附屬條件（subordination）和超額擔保（overcollateralization）的設計提高整體的信用評級。

舉例來說，假設價值 1,000 美元的低品質房貸只能轉為價值 900 美元的證券。財務工程專家把這 900 美元的證券分為三個區塊：區塊 A 價值 100 美元，區塊 B 價值 300 美元，區塊 C 價值 500 美元。利用附屬條件的設定，償還貸款的任何一筆現金優先還給區塊 A（價值 100 美元的部分），然後才是區塊 B（價值 300 美元），最後是區塊 C（價值 500 美元）。因為附屬條件的設計，區塊 B 和區塊 C 的清償順位較區塊 A 低，因此區塊 A 的違約風險比較低。再加上超額擔保的設計：價值 1,000 美元的房貸只能做價值 900 美元的證券擔保，表示若房貸違約在 100 美元以內，證券價值就不會出現損失。上述兩者結合起來，區塊 A 的價值只有在 900 美元的擔保出現違約時，才會出現損失。這不太可能發生，因此區塊 A 的安全性是很高的。

有趣的是，信評機構也用了這一套思維，認為大規模的違約不太可能發生，因此給了類似這樣高順位的區塊 AAA 的評等，意思是投資的收益率高，但和美國公債一樣安全。投資人立刻蜂擁而上，很快形成一個龐大且具有流動性的市場，就像現金一樣。

然而好景不長，2006 年房價開始下跌，投資人對這類證券背後的房貸品質的信心產生動搖。許多有附屬條款的私人不動產抵押證券出現了折價交易。2007 年初，華爾街主要投資銀行之一的貝爾斯登，因為旗下過多這類型的抵押證券出問題，投資人開始懷疑即使 AAA 評等的區塊恐怕也不安全，於是便在市場上倒貨。許多投資人

和銀行因此蒙受極大損失，最終導致2008年的全面金融危機。

回頭來看，幾乎所有AAA評級的區塊最後都獲得清償[22]。在2008年金融危機期間大膽買進的投資人不用幾年都資產翻倍。然而損害已經造成，這類私人部門的不動產抵押證券化市場再也沒有回到原本的榮景。而且，監理機關規定，所有安全性資產必須是公部門發行，即使私人部門的AAA評級也不能被視為安全。今天，監理機關要求的高品質流動資產，其實只有政府資產而已。

公債市場

美國公債是世界上規模最大、且最具流動性的市場，更是全球金融市場的基石。幾乎所有的美元資產都根據公債殖利率來評價，因為公債殖利率被認定是無風險的基準。一般散戶把存款視為現金，機構法人則認為公債等同現金。他們拿公債當作擔保品來買賣其他金融資產、在附買回市場承作短期借款，或是賣掉立刻套現。美國財政部每隔一段時間便會進行公債標售，其中國庫券（Treasury bill）是一年內到期的

---

[22] Ospina, Juan, and Harald Uhlig. "Mortgage-Backed Securities and the Financial Crisis of 2008: A Post Mortem." BFI Working Paper 2018-24. Becker Friedman Institute, April 2018. http://dx.doi.org/10.2139/ssrn.3159552.

[23] 折價銷售的意思是出售的價格低於面額。例如，一個月期的國庫券售價99美分，投資人買進後，一個月可拿回1美元。實際上投資人一個月內賺得了1美分的利息，換算成年化報酬率可是12%。

短期債務，而且是折價銷售[23]；二年至三十年期的各式債券則附有票息（coupon），每半年付一次息。

財政部的債券管理策略是定期以對納稅人長期最低的成本，依預定的次數分批發行[24]。實務上，財政部也會預估債券的發行量，用短期國庫券來彌補資金的缺額。例如，假設財政部宣布發放1,000億美元的季度公債，但實際上還缺200億美元，財政部就會發行200億美元左右的國庫券彌補差額。公債是每季宣告一次發行量，每個月分別標售一次，國庫券則是二週標售一次，金額視供需而定。如果財政部需要額外的現金流，還可以發行現金管理票據（cash management bill，簡稱CMB），它和國庫券基本上是相同的，只是發行時間並不固定。

國庫券市場量體夠深夠大，也能輕易吸收市場的劇烈震盪。投資人持有這種短期債券不會有什麼顧慮，因為它就像是會付一點利息的現金。不過，公債的市價會隨著市場對通貨膨脹和利率的預期改變而震盪，期間越長，流動性也越差。最近期發行的公債稱為「新券」（on the run），過去標售或已發行一陣子的公債稱為「老券」（off the run）。「新券」通常有很好的流動性，但隨著時間流逝，流動性就變得越來越差。「老券」持有人還是可以拿券當作擔保品，在附買回市場抵押借到錢，但要直接賣掉可能有些困難。這讓債券投資人有時會多一層顧慮，也因此國庫券可以隨時發行，但中長期債券得依規劃時間標售。

---

[24] 更多訊息詳見 "Overview of Treasury's Office of Debt Management." https://home.treasury.gov/system/files/276/Debt-Management-Overview.pdf。

　　公債的標售是由紐約聯邦準備銀行在初級市場賣給初級交易商，交易商再轉賣給客戶。技術上，客戶是可以在初級交易商那裡下標（稱為間接出價），或是經過一定程序取得資格後直接下標（稱為直接出價）。不過初級交易商仍在標售過程中扮演相當重要的角色，因為它們本身具有資格，可以參加任何一場標售。也就是說，公債標售絕對不會因為沒有需求而失敗，因為最終有初級交易商在背後支撐。

　　標售的成功與否可以用得標率（auction award rate）和參與程度來衡量。一場極為成功的公債標售，得標殖利率應該會比原本市場預期的殖利率還低，同時參與下標的金額遠超過該次預定標售的額度(稱為超額認購)。初級交易商的買進比例偏低也隱含了來自其他投資人的需求強烈。標售的結果可以讓市場判斷公債需求狀況，也會影響市場價格。非常強勁或非常疲弱的結果都會讓市場重新評估公債價格。每次公債標售的結果都會立即在財政部的官網上公布。

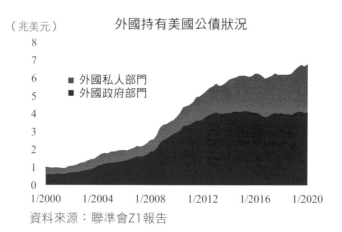

（兆美元）　　　外國持有美國公債狀況

■ 外國私人部門
■ 外國政府部門

資料來源：聯準會Z1報告

公債的投資人遍及全球，大約有7兆美元的公債掌握在外國人手裡。部分原因是美元的全球準備貨幣地位所致。全球中央銀行大都持有美國公債，以便作為貨幣交換，或是當本國貨幣面臨貶值壓力時用來抵禦賣壓。因此許多中央銀行將持有美國公債視為持有美元。例如，中國的外匯存底約3兆美元，其中很大一部分是以美國公債的方式持有[25]。這並非基於善意，而是出於自身利益。中國長期對美國有大量的貿易順差，因此累積了大量美元。中國需要保留這些美元以便進入國際貿易體系，像是購買工業原料、原油等。中國人民銀行手中有如此龐大的美元部位，除了美國公債外能選擇的項目並不多；私人部門的資產有其信用風險，而且量體也不足以容納。如果人行持有大量公司債或股票，賣出時只能低調且緩慢出場，否則會造成深度跌價。美國公債和機構抵押貸款證券某種程度上是最好的選擇。

儘管外國投資人的占比不小，美國公債仍持續吸引國內投資人投入。貨幣市場基金是國庫券的主要買家，共同基金、保險公司，以及退休基金則是中長期公債的買主。

自從2008年實施量化寬鬆政策以來，聯準會就成為公債的最大買家。因為聯準會無法有效控制較長天期的殖利率，因此經由大量買進公債，間接壓低中長天期公債殖利率，以達到刺激經濟的目的。因為所有

---

[25] 譯註：截至2023年1月底，中國的外匯存底達3.184兆美元。在過去很長一段時間裡，外匯存底當中超過1兆美元都是以美國公債的形式持有，不過隨著近年中美關係緊張，中國逐步降低對美國公債的依賴，截至2022年12月底，中國外匯存底持有的美國公債僅餘8,640億美元。

的資產都是靠殖利率來定價，殖利率下降時，抵押利率也下降，汽車貸款、商業放款利率等都跟著下降。截至2020年9月，聯準會持有的公債占所有發行量的20%，政策很明顯壓低了利率，但也保留了原有價格發現的功能。

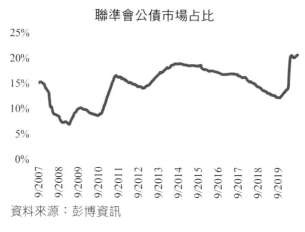

聯準會公債市場占比

資料來源：彭博資訊

第 3 部

檢視聯準會

第 8 章
貨幣政策的危機

　　傳統的貨幣政策是依靠中央銀行作為商業銀行的最後資金提供者，調整短期利率來影響經濟活動。當財務健全的銀行突然有大量的現金流出，一時之間無法因應，此時中央銀行就會出面融資給銀行，以免引起恐慌。當經濟陷入衰退，中央銀行可以調降利率來刺激消費和投資；當經濟過熱時可以調升利率讓經濟降溫。

　　但是當影子銀行陷入恐慌時該怎麼辦；當利率已經低到0%的時候，中央銀行又如何能影響經濟活動。這是2008年金融危機和2020年新冠疫情爆發時聯準會面臨的挑戰。因應這些變局，聯準會創造了一系列的新工具。

聯準會民間化

　　當初聯準會設立時，金融體系被商業銀行所掌控，因此所有的政策取向自然是以商業銀行為考量。聯準會對商業銀行的規範在於確保營運穩健，一旦有預期外的流動性需求，則開放貼現窗口給予緊急融資。然而，隨著影子銀行的興起及境外銀行業務的快速成長，如今許多重要的

金融活動早已脫離聯準會原本管理的權限。2008 年的金融恐慌，起因就是來自影子銀行與境外銀行。為了確保整體金融環境運作，聯準會可說被迫動用聯邦準備法第十三條第三項「異常與緊急情況」，對銀行及非銀行實體的貸款權。

　　2008 年，影子銀行體系徹底崩壞。初級交易商、證券化市場、避險基金都面臨擠兌。商業銀行此時也不安全，許多業務和投資與影子銀行交織在一起。除了對影子銀行有許多保證給付的義務外，還借了不少錢給影子銀行。股票市場此時也嗅出苗頭不對，接連出現爆雷。整個金融體系幾乎在同一時間集體崩潰。

　　聯準會因應危機的作法是大開方便之門，將融資對象擴及主要的影子銀行業者。它為初級交易商設立了初級交易商信用機制（Primary Dealer Credit Facility，簡稱 PDCF）、為貨幣市場基金設立貨幣市場投資人融資機制（Money Market Investor Funding Facility，簡稱 MMIFF）、為證券化商品設立了資產抵押商業本票及短期證券化商品的標售機制（Asset-Backed Commercial Paper and Term Auction Securitization Facility，簡稱 ABCP 和 TASF），還為了大到不能倒的銀行提供特殊用途的貸款。聯準會事實上已成為商業銀行、影子銀行的最後資金提供者。

　　類似的危機同時也在美國以外的境外美元銀行爆開。外商銀行和美國本地的商業銀行或影子銀行一樣，同樣抱著大量的次級房貸相關的投資。歐洲銀行業大量投資在美國的不動產相關資產上，此時面臨可能無法清償和投資損失。然而，外商銀行因為不屬於聯準會的管轄範圍，而且很多銀行根本不在美國，聯準會的紓困方案無法擴及。但外商銀行對

美國金融市場卻有影響力，當它們在市場狂掃美元時，美元的短期利率馬上沖上天。

市場人士通常拿三個月LIBOR利率和三個月的隔夜利率交換之間的利差來衡量資金狀況。三個月的隔夜拆款利率交換大約和聯準會三個月的基準利率相當。一旦利差擴大，代表市場利率高於聯準會政策利率，市場資金偏緊。在大部分的時間裡，利差只有幾個基本點（1個基本點=0.01%）而已，但當金融危機最嚴重的時候，利差飆到史上最高的4%。投資人不敢把錢借給外商銀行，外商銀行只有提高利率，即使只能借到三個月的短期資金也行。

三個月LIBOR─隔夜利率交換利差

資料來源：彭博資訊

聯準會最終決定開啟中央銀行間的貨幣交換，借錢給關係良好國家的中央銀行，由中央銀行再把錢轉借給管轄權內的銀行。這有效解決了全球銀行業對美元的擠兌潮，同時也讓聯準會成為全球美元的影舞者 —— 不論管轄權在美國境內或境外。

如何監督聯準會特殊融資機制

聯準會每週在官網上公告其資產負債表（表H.4.1）。數字是過去一週的平均值，變化量及截至當週的數值，資料都是以週三為基準。以下以2020年7月2日的表為例。

聯邦準備銀行借方／相關項目／存款機構存放在聯邦準備銀行的準備金	每日平均（百萬美元）			2020年7月2日當日（百萬美元）
	截至2020年7月2日	差額		
		截至2020年6月25日	截至2019年7月2日	
附買回協議（6）	75,379	+2,250	+75,379	61,201
外國政府	144	+144	+144	1,001
其他	75,236	+2,107	+75,236	60,200
放款	96,886	+2,928	+96,785	97,133
初級市場信用放款	5,877	-1,246	+5,859	5,860
次級市場信用放款	0	0	0	0
季節性放款	13	+1	-70	16
初級交易商信用便利機制	2,616	-1,364	+2,616	2,486
貨幣市場共同基金流動性便利機制	21,617	-1,851	+21,617	20,637
薪資保護流動性機制	66,763	+7,389	+66,673	68,133
其他信用擴張放款	0	0	0	0
投資組合淨額（商業本票借款便利機制）（7）	12,799	+2	+12,799	12,799
投資組合淨額（公司信用便利機制）（7）	41,359	+1,403	+41,359	41,940
投資組合淨額（主要銀行借款方案）（7）	37,502	+4,822	+37,502	37,502
投資組合淨額（市政債流動性便利機制）（7）	16,080	+1	+16,080	16,081
投資組合淨額（定期資產擔保證券貸款）（7）	8,753	+1,467	+8,753	8,753
浮動利率放款（7）	-497	-314	+104	-756
中央銀行流動性交換（8）	226,803	-49,894	+226,786	225,414

從上表的資料中，我們可以看到在新冠疫情爆發期間，聯準會主要大型的紓困項目執行情形。資料顯示緊急信用貸款機制用的額度不大，最大的是750億美元的附買回貸款和667億美元的薪資保護流動性機制。在某些情況下，聯準會只要端出信用貸款機制的措施，便能安撫市場情緒，讓市場恢復秩序。市場人士體認到聯準會要支撐市場時，風險便不會再擴大。機制本身的使用度不高，並不代表這個緊急措施沒有必要或沒有效果。

有一項例外的是換匯交易通道。聯準會的換匯交易通道需求量大，截至當日還有2,260億美元在外流通。更詳盡的換匯交易通道資料可查詢紐約聯邦準備銀行的官網，內容顯示日本央行的使用量最大。這並不意外，日本投資人手中握有大量的美元資產，資金都是經過換匯交易取得。當美元貨幣市場出現危機時，他們自然需要緊急融資以確保資產不會被賤賣。

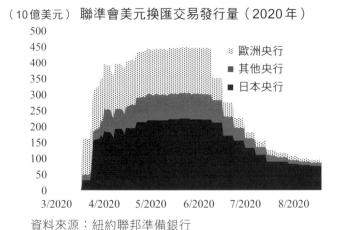

（10億美元）聯準會美元換匯交易發行量（2020年）

資料來源：紐約聯邦準備銀行

　　這些措施最終穩住了金融市場，也讓聯準會成為商業銀行、影子銀行、甚至外商銀行最後的資金提供者。在2020年新冠疫情肆虐期間，聯準會很快推出2008年危機期間所有的便利機制，甚至更進一步成為私人企業的最後資金提供者。

　　2020年3月和4月期間，聯準會宣布新的便利機制，經由商業銀行直接給小型企業融資，經由資本市場注資大型企業[①]。初級和次級的公司便利機制（Primary and Secondary Corporate Facilities）在初級和次級市場直接購買公司債；主要銀行借款便利機制（Main Street Lending Facility）則是向商業銀行購買合格的小型企業放款。聯準會早已跳脫傳統上只提供商業銀行的框架，向所有美國企業提供流動性。它已經將資產負債表伸向每個角落，只差沒有直接伸向個人。

　　對聯準會這種擴大放款能力的作為，最大的批評是道德風險（moral hazard），也就是有人故意從事高風險的行為，因為他們知道不會出現太壞的結果。2008年金融危機期間，許多評論認為對投資決策錯誤的投資人紓困，將會導致更多的錯誤決策，因為投資人認為聯準會遲早會進行紓困，這種心態導致政府最後決定不出手相救雷曼兄弟。雷曼兄弟的倒閉造成的金融傷害實在太大，那些擔心道德風險的聲音也從此不復存在。

[①] "Federal Reserve Announces Extensive New Measures to Support the Economy." Press Release. Board of Governors of the Federal Reserve System, March 23, 2020. https://www.federalreserve.gov/newsevents/pressreleases/monetary20200323b.htm; "Federal Reserve Takes Additional Actions to Provide up to $2.3 Trillion in Loans to Support the Economy." Press Release. Board of Governors of the Federal Reserve System, April 9, 2020. https://www.federalreserve.gov/newsevents/pressreleases/monetary20200409a.htm.

　　聯準會用另一種方式解決道德風險問題：法令規範。在金融危機過後，聯準會和全球的監管機關制定了更嚴格的銀行法規，銀行已經不能承擔像過去那樣的風險。所以銀行未來不太可能再需要聯準會的紓困。這項改革看起來相當成功，新冠疫情期間美國本土銀行業只有遇到一些小問題，大致上安然度過。

　　新的法規也對大型的影子銀行如初級交易商和貨幣市場基金進行改革。它們在新冠疫情期間也平安度過，只有在初級貨幣市場裡有一些麻煩而已。然而，其他類型的影子銀行像是抵押型不動產證券化信託（mREITs）、ETF，以及私募投資基金則沒有被納入控管範圍。這些部門在新冠疫情期間損失不貲，最後還是得靠聯準會救助。

控制殖利率曲線

　　2008年聯準會將隔夜利率降到零，那時看起來貨幣政策已經到頭，聯準會已經沒有降息空間。但聯準會出乎意料地宣布兩項新措施：前瞻指引（forward guidance）和量化寬鬆。

　　前瞻指引是聯準會把控制利率的範圍從短期延伸至中期的方式。口頭上承諾在未來一段時間維持政策利率在低水位，只要市場相信聯準會的承諾，未來評價就會排除利率上升的可能，中期利率也會開始下降。在經濟衰退時期，利率曲線通常呈現正斜率，二年期公債殖利率要高於隔夜政策利率。這是因為市場預期未來經濟將會逐步好轉，聯準會將適時升息，因此未來隔夜政策利率將會高於現在。然而在前瞻指引之下，

殖利率曲線應會變得更平緩，因為聯準會承諾維持低政策利率，即使經濟復甦也將如此，讓未來的升息預期消退。

　　2019年6月，殖利率曲線出現倒掛（inverted），意味著經濟衰退不遠，聯準會將會調降隔夜利率，引導曲線變陡。一年後，衰退真的出現了，但曲線卻出現了先陡後平的現象。鮑威爾主席在2020年6月的記者會上表示：「我們甚至想都沒想過要去升息」[2]。市場於是將未來幾年的升息可能排除了[3]。

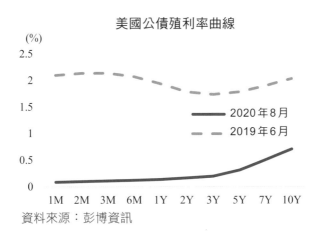

美國公債殖利率曲線

資料來源：彭博資訊

聯準會有好幾個管道可以實施其前瞻指引。它可以口頭承諾維持

[2]　Powell, Jerome. "Transcript of Chair Powell's Press Conference." Press Conference. Board of Governors of the Federal Reserve System, June 10, 2020. https://www.federalreserve.gov/mediacenter/files/FOMCpresconf20200610.pdf.

[3]　譯註：其實當時鮑威爾主席的這段話之後還加上一句：「聯準會公開市場操作委員會的成員們也預期2022年底之前都不會升息。」但在2022年卻因通膨高漲而暴力式升息17碼（4.25%）。這也使得市場出現極大的預期落差，也是2022年金融市場劇烈震盪的原因之一。

低利率，直到某些特定的經濟數據符合目標，或達到目標後持續一段時間為止。例如，聯準會可以承諾將維持零利率，直到通貨膨脹率持續在2%以上、失業率跌到4%以下，或是維持零利率至少二年等等。2008年金融危機後，聯準會就運用過這兩種形式的指引，一開始是承諾一段時間低利率，後來增加了一些經濟指標。前瞻指引讓市場清楚聯準會的意向，但當重點數據公布時，市場反而會引起更大波動，尤其是當市場將經濟目標和聯準會的措施聯想在一起的時候。

　　量化寬鬆則是聯準會控制長天期利率的方式，經由買進長天期公債，引導這些債券的利率下跌。當年首次實施時引發了許多爭議，許多人恐懼惡性通貨膨脹近在眼前，黃金價格於是大漲。不過事後證明，惡性通膨並未出現，聯準會用印鈔的方式買進公債，就像是印一張百元美鈔去買另一張百元美鈔一樣。貨幣體系裡的現金數量其實沒有變化，只是組成方式改變了。市場上的公債變少，聯準會的準備金增加了[4]。

　　有研究認為，聯準會採用量化寬鬆措施，有效地壓低了長天期利率，並活絡了經濟活動[5]。其實不用太多研究，只要看看簡單的供需變化就可得知，買進數兆美元的公債後，的確拉升了公債價格（也就是壓

---

[4]　譯註：這種說法的前提是本書作者所言，美國公債因為幾乎無風險且具有高度流動性，可以等同現金。文中提到貨幣體系的現金數量沒有變化，意思是貨幣數量加當下的公債流通量。不過，如果公債是新發行，聯準會用新印的鈔票去買新發的公債，整體數量還是會增加。

[5]　Kim, Kyungmin, Thomas Laubach, and Min Wei. "Macroeconomic Effects of Large-Scale Asset Purchases: New Evidence." Finance and Economics Discussion Series 2020-047. Washington: Board of Governors of the Federal Reserve System, March 2020. https://doi.org/10.17016/FEDS.2020.047.

低了殖利率）。然而，量化寬鬆卻沒有引發嚴重的副作用。因此在實施十多年後，聯準會對量化寬鬆的實施顯得安心許多，在新冠疫情爆發期間再度採行。

前瞻指引和量化寬鬆二項措施在實施了十多年後，從非傳統逐漸轉變為傳統政策工具。實證結果證明對利率的影響確實有效。2020 年聯準會著手研究殖利率曲線控制（yield curve control，簡稱 YCC）的可行性，是否能更確實控制利率走向。殖利率曲線控制早在二次世界大戰期間就使用過，當時聯準會為了支應戰爭需求，刻意維持低利率。殖利率曲線控制可以讓中央銀行不需要實際上買進大量公債，只要讓市場人士相信央行會不計代價將利率維持在目標水準就行。

殖利率曲線控制是當前中央銀行界所關注的新式貨幣政策工具之一。日本央行在 2016 年率先實施，將十年期日本政府公債（JGB）殖利率定錨在 0%。有趣的是，那次日本央行宣布殖利率曲線控制的政策目的並不是要壓低利率，反而是要拉升利率。在殖利率曲線控制實施前，日本十年期公債殖利率大約在 -0.5% 左右，日本央行希望經由拉高十年債殖利率，能夠帶動整條公債殖利率曲線變陡，讓日本的銀行願意放款。日本央行的這次措施還算成功，自從宣布殖利率曲線控制之後，日本十年債殖利率的確在 0% 上下很窄的區間內浮動[6]。

2020 年初，澳洲央行（RBA）成為第二個實施殖利率曲線控制的主要央行。澳洲央行宣布將三年期澳洲政府公債的殖利率釘在 0.25% 的水位。此政策目的是壓低利率以刺激經濟，因為許多澳洲的抵押債和公司債的期間在三年左右，以當時的利率水準來看，澳洲央行有足夠的空間

操縱利率。而澳洲央行預估實施的期間會較宣布時還要長一點⑦。

低利率真的有效嗎？

現代央行奉行的圭臬是：低利率可以刺激經濟成長。這也是近年央行熱衷在經濟衰退時大力調降利率的原因。然而，證據顯示利率和經濟成長並非負相關，反而是正相關，因此升息往往伴隨著經濟成長⑧。這也許部分解釋了過去十年來先進國家施行的低利率（甚至是負利率），卻沒有創造出多少實質經濟成長的原因。

---

⑥ 譯註：自2016年首次宣布實施將十年期公債殖利率控制在0%（波動區間為上下各0.1%）之後，市場多次測試日本央行堅守的意志，殖利率多次接近0.1%的水位。2018年7月，日本央行將波動區間擴大至上下各0.2%；2021年3月再擴大至上下各0.25%。2020年12月，正值日本消費者物價指數年增率突破3%，利率蠢蠢欲動，再進一步將波動區間擴大至上下各0.5%。造成市場極大的震撼。日本央行總裁黑田東彥於2023年4月卸任，市場預期繼任者植田和男可能將終結已實施多年的殖利率控制。

⑦ 譯註：澳洲央行的這次殖利率曲線控制並不算成功。2020年3月實施時設定三年期的目標殖利率為0.25%，但因為當年度新冠疫情造成經濟重創，同年11月下修至0.1%。到了2021年中，由於疫情緩和加上經濟解封的影響，物價開始上揚，連帶使得三年期公債殖利率上升。6月突破0.25%水位，到10月更一舉站上1.39%，而二年期公債殖利率也站上0.8%。澳洲央行在11月突然宣布結束歷時二十個月的殖利率控制，等於是央行棄守壓低利率與購債，因為事出突然，造成殖利率飆升。在2022年6月澳洲央行的評估報告中，坦承退出三年期殖利率目標是無序的，而且對聲譽造成了一些損害，因此不太可能再次部署這樣的計畫。

⑧ Lee, Kang-Soek, and Richard A. Werner. "Reconsidering Monetary Policy: An Empirical Examination of the Relationship Between Interest Rates and Nominal GDP Growth in the U.S., U.K., Germany and Japan." *Ecological Economics* 146 (April 2018): 26–34. https://doi.org/10.1016/j.ecolecon.2017.08.013.

假設沒有中央銀行,當經濟過熱並且對未來充斥著樂觀氣氛時,貸款的需求會大量增加。人們對未來變得更有信心,即使利率很高也願意再借錢。對資金需求的增加會繼續拉高利率。反過來説,如果經濟風暴來臨,人們對未來感到悲觀,則不會願意再借錢,人們會把貸款還清,以免未來日子更難過。於是對資金的需求下降,利率也跟著下修。即使沒有聯準會,利率的起伏也會跟著景氣循環走。

聯準會控制著短期利率,也會影響長期利率。當聯準會降息時,通常只能替企業借款或房貸省下一點點錢而已。當利率降到4%時,企業或消費者還可能會借一些在利率6%時不會借的錢;但當利率低到2%時,他們還會借一些在利率3%時不會借的錢嗎[9]?即使降息可以刺激經濟,但效果也會打折。

日本和歐元區忠實奉行經濟模型,將利率降到極低水準,甚至到負利率。歐洲央行的經濟學家相信,負利率能迫使企業加速投資,促進經濟成長,以免眼睜睜看著錢被負利率吃掉[10]。就某個角度來看,負利率就像是對現金課税,逼迫人們把錢花掉。然而歐洲央行以外的研究卻顯示,歐元區的經濟依舊疲弱了許多年。

負利率對銀行業的獲利來説有極為負面的影響。中央銀行準備金採取負利率之後,總體來説,銀行業的整體收入是下降的。負利率同時也讓整條利率曲線下降,銀行貸款的利息收入也減少了。更明顯的是,

---

[9] 譯註:此處作者的意思是,當經濟熱絡時,利率從6%降到4%時,人們還會願意借錢;當經濟不好時,即使利率從3%降到2%,人們還是不會多借錢。

[10] Altavilla, Carlo, Lorenzo Burlon, Mariassunta Giannetti, and Sarah Holton. "Is There a Zero Lower Bound? The Effects of Negative Policy Rates on Banks and Firms." Work-ing Paper No. 2289. European Central Bank, June 2019. https://www.ecb.europa.eu/pub/pdf/scpwps/ecb.wp2289~1a3c04db25.en.pdf.

歐洲銀行業仍然受困於十多年來的股價下行，但美國的銀行業大都已回到2008年前的水準了。負利率對銀行業的不利影響，也是聯準會遲遲不願意在美國實施負利率政策的原因之一。一個健全的銀行業，創造放款來提供經濟成長所需的資金是必要的。

歐元區和美國銀行業的股價表現

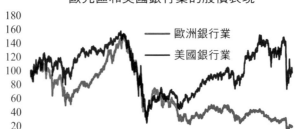

資料來源：歐元區銀行指數（Eurostoxx Bank Index）、KBW美國銀行業指數。指數設定2000年1月1日＝100

然而，短期利率過低、甚至為負值對金融資產的影響十分深遠。因為許多投機客是借超短期利率的資金來買進金融資產。當聯準會每調降隔夜利率1%，都會引發大量的資金湧進隔夜附買回和股市。假設一名投資人借100萬元的附買回貸款，利率2%，投資在3%的債券上。如果利率下調至1%，對這名投資人來說，借款利息少了一半，獲利突然倍增。於是更有誘因去買低利的債券（債券價格同時也漲了），因為利息成本大幅減少。

從過去十多年的經驗來看，低利率刺激了金融資產價格上漲，但未必對實體經濟產生效果。

第 9 章
分析聯準會

　　聯準會決策對市場影響的重要性不言可喻，也導致一個號稱「聯準會觀察家」的小團體興起。這一群人往往頂著「策略分析師」或「經濟學家」的名號，有些還曾在聯準會內部工作過幾年，為了豐厚的薪水跳槽到投資銀行。他們花時間分析聯準會的行動，將觀點分享給高資產客戶或大型機構法人，有時也會上財經頻道像是CNBC或彭博來預測未來聯準會的動向。他們的觀點有時候頗有見地，但大多數的看法並不特別，只要有足夠的資訊和訓練，任何人都做得到。本章將提供分析聯準會的基本資訊。

　　在2008年金融危機前，聯準會的行動相當不透明。事實上，有時市場會對聯準會的利率決策感到訝異。但如今這些都不復存在，市場對於聯準會行動的預期準確度很高，這是因為聯準會致力於對市場傳達看法，來改善資訊透明度。基本上要成為聯準會觀察家，就必須了解聯準會目前對市場的想法，以及預測根據這些想法的未來行動為何。本章後面將列出聯準會用來與市場溝通的幾個管道。

聯準會的溝通管道與其重要性	
公開市場委員會聲明	高度
公開市場委員會會後記者會	高度
公開市場委員會會議紀要	高度
公開市場委員會「點陣圖」	高度
聯準會官方發言	中度
聯準會專訪	中度
交易平台聲明	中度
聯準會資產負債表	中度
聯準會研究報告	低度
聯準會調查結果	低度

公開市場委員會聲明

聯準會公開市場委員會（FOMC）在每次會議結束後都會發布會後聲明。該聲明簡要說明委員會對當前經濟狀況的看法，以及為了達到二項政策目標[1] 所採取的行動。會後聲明的篇幅通常不會超過一頁，但聲明當中字字珠璣，斟酌使用每一個字，務求訊息傳達正確。市場評論員往往會拿本次聲明和前幾次聲明的內容字對照，從中找出字裡行間的差

---

[1] 譯註：也稱為聯準會的職責：充分就業及穩定物價，本章後面會說明。

異。可以用解密後的資料來分析聯準會想法有多少反應在這份會後聲明中。

本章後面的表格摘錄自2014年1月會議後Tealbook B的資料。Tealbook B的正式名稱為「貨幣政策：策略及替代方案」（Monetary Policy: Strategies and Alternatives），它簡要比較委員會歷次會議的文字，以及對應的政策選項。這種簡要被列為高度機密，幾年後才會解密公開。從已解密的資料中，我們可以看出根據委員會中鴿派的程度，政策選項的不同變化。不同選項之間的細微差異就代表了聯準會不同的措施。從不同的用字遣詞當中，表現出對經濟前景的樂觀程度；從資產負債表政策中，可以找出聯準會量化寬鬆路徑的調整程度；從聯邦基金利率的高低，可以看出聯準會未來多久會升息的細微變化。

在每次會議中，公開市場委員會照例回顧前次會議簡要，討論當前經濟的看法，以及投票決定接下來的政策選項。

授權公開發表　　　　　　2014年1月23日
Class I 公開市場操作委員會——受管制資料

表1：一月份公開市場操作委員會聲明政策選項概覽

選擇要件	12月聲明	1月政策選項		
		A	B	C
經濟情勢，展望及風險				
經濟情勢	經濟活動是以中性速度擴張	最近幾季經濟活動增長加速		
	勞動市場進一步改善	勞動市場指標好壞參半		不變
	失業率下降，但仍在上升趨勢中	失業率下降，但仍在上升趨勢中		失業率雖然相較長期水平來得高，但持續下行
	雖然限制的程度漸漸消失，財政政策仍有限度成長	雖然限制的程度漸漸消失，財政政策仍有限度成長		財政政策受限，成長**正在**消失
	通膨位於長期目標以下	通膨**妥適地**位於目標值下方	不變	
展望	經濟成長將回春，失業率將逐漸下降	經濟活動以中性速度擴張，失業率將逐漸下降		
風險	風險已漸趨平衡	風險接近平衡，但仍略有下行的跡象	風險接近平衡	
資產負債表政策				
機構不動產抵押證券	每月350億	不變	每月300億	每月250億

公債	每月400億	不變	每月350億	每月300億
購債的理由	往充分就業及勞動市場改善累積成效	勞動市場和通膨的資訊並沒有支持要減緩購債速度	不變	往充分就業及勞動市場改善累積成效
購債指引	如果後續的資料大致上符合預期，在未來的會議中會放慢購債步伐	將在未來的會議中放慢購債**步伐**	不變	將在未來的會議中持續放慢速度

聯邦基金利率

目標利率	0%-0.25%	不變		
利率指引	只要沒有超出門檻（6.5%；2.5%）②，以及通膨仍然維持	不變		
	預期目前的聯邦基金利率水位是適當的，直到超出失業率門檻，特別是如果通膨預期持續在2%以下	維持現行的聯邦基金利率目標是適當的，至少在失業跌破6%時，特別是一旦跌破5.5%。只要通膨預期持續在2%以下	**持續**預期維持現有的聯邦基金利率的目標是適當的，直到超出失業率門檻	不變
	當融通政策開始退場時，將採取緩步平衡方式	**最終**融通政策開始退場時，將採取緩步平衡方式	不變	

---

② 譯註：原文沒有說明何種指標門檻，但推估應為失業率。

公開市場委員會會後記者會

每次公開市場委員會結束後，在美國東岸時間下午兩點半會舉行約一小時的記者會，由聯準會主席回答記者問題。記者會是聯準會對外溝通的最重要場合，聯準會主席會回答各式各樣的問題，市場上也會得到他們最新的看法。更重要的是，這是即時播出，沒有像其他委員會的資料需要經過編譯和審查。市場會特別關注聯準會主席的臨場反應和使用的字句來推敲聯準會未來的走向。聯準會主席也深知這是引導市場的一個重要機會，因此所用的字句都有其目的。

在前面章節中曾提到，鮑威爾主席在2020年6月的記者會上證詞中說，他不僅不會升息，而且他「甚至想都沒想過要去升息」。在當時面臨深度衰退之際，主席利用這個機會說明，零利率將保持很長一段時間。回想一下，聯準會能控制短期利率，但僅能影響長期利率。主席的貨幣政策行動是告訴市場，短期利率會維持低檔很久，並藉此壓低長期利率。他希望市場未來不要去想任何升息的可能。

公開市場委員會會議紀要

公開市場委員會在每次會議結束的三個星期後，會對外公布其會議紀要。這份紀要提供了在該次委員會開會時的訊息，以及會議中討論的事項。相較於公開市場委員會的會後聲明言簡意賅，會議紀要大約長達十頁。不過和會後聲明一樣，對於當中字句也十分推敲斟酌，同時會關注紀要發布後的市場反應。

紀要的第一部分是回顧二次會議期間的經濟和金融狀況，接下來是對未來一段期間的經濟情勢做預判，最後則是與會者的討論事項。前二部分是由交易平台和聯邦準備理事會成員報告，二次會議期間的回顧大部分是已發生的數字，但理事會的經濟前景預判就是未來聯準會行動的良好指標。如果對未來感到悲觀，則隱含未來將有較大的政策空間。

儘管有經濟狀況的簡短報告，每位與會成員都還有自己的經濟學家團隊，根據各分區的經濟數據可能會有不同的意見。會議紀要就會披露在會議當中發生的討論，不過記錄上不列出發言人名字。而且還會利用不同文字來表示與會者在討論每個觀點的支持度，像是「大部分」（majority）或「數個」（a number）或「幾個」（a couple），以便傳達整體對議題的概況。記住，會議紀要中的每個字都是經過層層檢視，再三斟酌，把想傳達的訊息正確傳遞出去。

例如2020年7月公開市場委員會的會議紀要中寫道：

「**大部分（majority）**的與會者對於將殖利率上限和目標殖利率 —— 也就是在殖利率曲線上設定上限或目標值方法 —— 作為貨幣政策工具一事做出評論。在參與討論的與會者中，**大多數（most）**人評估，在當前的環境下，設定殖利率上限和目標只能提供適度的好處，有鑑於委員會在聯邦基金利率路徑的前瞻指引上已經相當具有可信度，並且長期利率已經相當低。這些與會者當中**許多（many）**人士也指出採用殖利率上限或目標值的作法存有潛在的成本。」[3]

　　這段精心雕琢的文字讓市場人士了解，殖利率曲線控制（YCC）在本次聯邦公開市場委員會中，受到多大強度的支持。殖利率曲線控制在前幾個月多次在公開市場委員會議中被提出來討論，但是會議紀要卻顯示委員會的支持度並不高。會議紀要公布當天殖利率開始上升，表示一些市場人士在獲得這個新訊息之後，微調了他們的預期。

　　會議紀要常常是未來幾個月政策走向的試金石。例如，2018年1月的會議紀要中顯示，會議中有討論「技術上調整」支付銀行的準備金率，以便進一步控制聯邦基金市場。這個「技術上調整」並沒有在會後記者會提及，但隨後便宣布實施；另外在2020年4月的會議紀要中包含了調升聯準會附買回放款的利率的討論，這也沒有在當時的記者會上提到，但隨後也實施了。聯準會觀察家當時注意到這個線索並且預期未來會採取行動，後來也真的應驗。

公開市場委員會「點陣圖」

　　自2007年下半年起，聯準會開始在每年3月、6月、9月和12月的公開市場委員會議後，固定發布一連串的經濟路徑預測（稱為「經濟路徑預測摘要」）④。摘要包括了實質經濟成長、通貨膨脹，以及失業率的預測路徑。到了2012年末，新加入了聯邦基金利率的預測路徑。委員會的

③ "Minutes of the Federal Open Market Committee, July 28-29, 2020." Board of Governors of the Federal Reserve System, August 19, 2020. https://www.federalreserve.gov/monetarypolicy/files/fomcminutes20200729.pdf.（粗體字為作者另加）

④ 譯註：原文為 Summary of Economic Projections。

每位與會者分別在未來幾年的年底，標示出對基金利率的估計值，代表委員們認為未來幾年年底政策利率的適當區間。整張預估值的圖形就是所謂的點陣圖（dot-plot）。

點陣圖的發布會隨著市場的情況變化而改變，因為它是未來政策利率軌跡的一隅，而且也可看出委員們彼此之間對未來政策利率看法的分散程度。這比一般的經濟預測來得具體，因為它可以將預測解讀成利率調整的方向和幅度。點陣圖越集中，代表共識越高，市場也就會對聯準會未來的行動提早定價。但是點陣圖有時也未必能正確預估未來將發生的事。

2018年12月，聯準會的點陣圖顯示多數委員預期2019年將升息三次，每次各一碼[5]。2018年底的目標區間在2.25%至2.5%，點陣圖顯示多數委員預期2019年底的目標區間將在3%至3.25%。而且，委員間對明年至少升息二碼有高度共識。消息見報後，股市恐慌蔓延，幾週內跌至數年低點。因此公開市場委員會在隔年1月的會議上做了政策髮夾彎，宣布2019年將進行降息。股市因而強力反彈好幾個月。當金融情勢改變，聯準會也能立刻改變看法。

聯邦準備銀行發言

聯邦準備銀行各地區分行總裁和聯邦準備理事們依慣例定期對外發言，闡述自己對貨幣政策的想法[6]。他們的看法並非永遠一致，有些理

---

⑤ 譯註：一碼=0.25%。

（2018年12月19日東岸時間下午兩點發布）

聯邦公開市場委員會與會者之適當的貨幣政策分析：聯邦基金利率的目標區間中間值或目標水準

聯準會官方發言

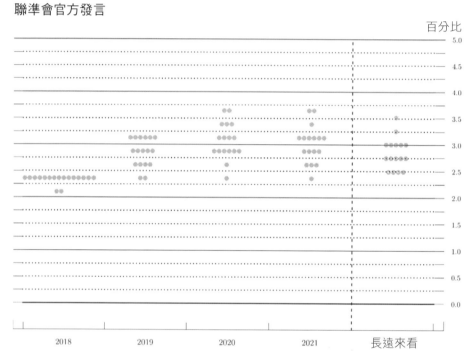

事或分行總裁發言的重要性甚至會影響市場。

　　公開市場委員會的投票委員，是由聯邦準備理事、紐約聯邦準備銀行總裁，以及其他區域聯邦準備分行中，每年輪值的四位總裁共同組成。在公開市場委員會中，最具影響力的是理事會主席、副主席，以及

---

⑥ 聖路易分行的網站可取得所有聯準會官員的近期發言。

紐約分行總裁（也名列理事會副總裁）。他們三人被稱為「三駕馬車」（troika），也是公開市場委員會中最有權勢的人物，他們的看法被市場高度關注。2019年，紐約分行總裁約翰・威廉斯（John Williams）在演講中建議，當利率太低時，聯準會能應付經濟衰退的彈藥就不足，因此聯準會應該更積極地降息因應可能的衰退[7]。到了2020年面臨新冠疫情爆發，經濟陷入衰退之際，聯準會真的就「一口氣打完所有子彈」，快速地將利率砍到0%[8]。當時這個作法被短期利率期貨交易員預測到，無疑是認同威廉斯的這番言論。

2019年11月，聯準會理事萊爾・布蕾納德(Lael Brainard)在演說中提到殖利率曲線控制的有效性[9]。鮑威爾主席隨後也承認在聯準會的會議中曾討論到殖利率曲線控制的議題。這讓許多觀察家相信聯準會未來有很高的機率會實施殖利率曲線控制。聯準會是一個非常謹慎的組織，如果在演說中提到了某一項的政策改變，那一定已經在內部慎重討論過。但是，後來隨著新冠疫情爆發，經濟情勢急轉直下，債券殖利率大跌。公開市場委員會的會議紀要顯示，殖利率曲線控制政策被暫時擱置，日

[7]　Williams, John C. "Living Life Near the ZLB." Speech, July 18, 2019. https://www.newyorkfed.org/newsevents/speeches/2019/wil190718.

[8]　譯註：2020年3月，新冠疫情爆發。全球經濟遭受重創。3月3日，聯準會緊急降息0.5%以增加流動性。十二天之後，也就是3月15日，聯準會再次宣布緊急降息。這一次直接下調到0至0.25%。

[9]　Brainard, Lael. "Federal Reserve Review of Monetary Policy Strategy, Tools, and Communications: Some Pre-liminary Views." Speech, November 26, 2019. https://www.federalreserve.gov/newsevents/speech/brainard20191126a.htm.

後再行討論。

公開市場委員會裡的成員大都會根據他們釋出的觀點，被貼上「鴿派」或「鷹派」的標籤。鴿派傾向較為寬鬆的貨幣政策，鷹派的貨幣政策主張偏向緊縮。有些分行總裁以主張降息和量化寬鬆聞名，有些則正好相反。聯準會觀察家會從每位總裁的發言當中，分析他們的主張，然後看明年輪值的投票委員名單，來推估委員會未來的投票意向。

聯準會觀察家在某些鴿派官員轉鷹，或是鷹派官員轉鴿時會特別關注，因為這種轉變往往是公開市場委員會政策轉向的前兆。舉例來說，當著名的鴿派官員都對進一步寬鬆三緘其口，未來再寬鬆的可能性就會降低。

聯準會專訪與國會聽證

聯準會官員通常早有排定與市場溝通說明的時間表。像是公開市場委員會後記者會、產業論壇，以及其他特定場合。但有時他們會舉行臨時記者會，或是突然接受專訪。這往往是因為聯準會發現市場錯誤解讀他們的看法或作法，要在市場失控前及時導正。如果聯準會主席或副主席突然接受專訪，就要非常嚴肅看待。

2017年3月公開市場委員會開會前，儘管當時經濟數據並不差，短期利率市場沒有對該次會議決策做出預期性的定價。這是因為市場在等待官員們一系列的專訪。當官員們強烈暗示在3月會議當中將升息[10]。利率交易員便開始行動，重新對短期利率做出定價。而隨後不久委員會也如預期宣布升息。記住，現代的聯準會不希望市場有太多驚奇，因為它

不願看到金融資產價格有太大波動。

聯準會主席依照「亨弗瑞一霍金斯法案」[11] 的規定，每年都要到國會進行二次聽證會，也稱為「貨幣政策報告」（Monetary Policy Report）。在聽證會上，聯準會主席針對當前金融及經濟環境，以及聯準會的動向提出證詞，並接受國會議員提問。由於聽證會是對大眾及媒體上直播，聯準會的態度大都保守，通常不太會有出人意表的宣示。主席大多數時候是重複在公開市場委員會的會後記者會上所說的話，而大部分國會議員也只是藉這個機會露臉，大家行禮如儀。

交易平台聲明

聯準會買賣證券的行動都是經過公開市場平台（簡稱交易平台）進行。交易平台會定期在紐約聯邦準備銀行的官網上公告其操作策略及操作時程表。這些訊息也能透露出一些聯準會對金融市場想法的端倪。

2020年新冠疫情爆發期間，交易平台在3月23日發布一則令人瞠目

---

[10] Condon, Christopher, and Rich Miller. "Fed Officials Signal More Willingness to Consider March Hike." *Bloomberg*, February 28, 2017. https://www.bloomberg.com/news/articles/2017-02-28/fed-officials-signal-greater-willingness-to-consider-march-hike.

[11] 譯註：「亨弗瑞一霍金斯法案」（Humphrey-Hawkins Act）：1978年亨弗瑞（Muriel Humphrey）和霍金斯（Augustus Hawkins）二位參議員聯名提案修正聯邦準備法，規定聯準會的三項職責，稱聯邦準備委員應以「有效促進充分就業、穩定價格和溫和的長期利率水準為目標」，「而實現雙重法定職責——充分就業和價格穩定——的具體方案，交由聯準會自行定奪」。該修正案確立了聯準會的職責和貨幣政策的獨立性。而目前一般提到聯準會的職責通常是指前二項，第三項則鮮少人提了。

結舌的訊息，稱每天將購買750億美元的公債[12]。過沒多久，額度降為每月購買800億美元，但也是一筆可觀的數字。這樣的訊息讓大家能夠估算聯準會打算向金融體系注入多少流動性，也隱含了對利率和股市的想法。許多評論員和名嘴鐵口直斷股市將大漲，後來也真的應驗了。

2020年6月，交易平台宣布要調升附買回貸款便利機制的最低承作利率，由0.1%升至0.15%。市場人士押注所有的短期利率都將往上修，使得國庫券利率因此微幅往上。聯準會此舉（將交易平台的利率由0.1%升至0.15%）調高了初級交易商另一個籌資管道的成本，交易商的議價能力便降低了。私人部門的資金出借者可以有較多的議價權，賺到比0.1%高一點點的利潤。

交易平台每天結帳後便會立即公布當日的操作結果。包括全日的附買回和逆回購的操作、買進不動產證券化商品、公債以及借券交易。聯準會觀察家會留意操作的變化以推斷對市場的影響。例如，當交易平台的參與者逐步增加逆回購的數量，就隱含了貨幣市場基金在私人部門間無法找到較高利率的地方存放，不得不把錢暫放在聯準會。這通常顯示金融系統目前的流動性非常充裕，貨幣市場利率將維持一段時間的低檔。

聯準會資產負債表

自從聯準會把資產負債表變成最大的政策工具後，觀察家對其的關

---

[12] "Statement Regarding Treasury Securities and Agency Mortgage-Backed Securities Operations." Operating Policy. Federal Reserve Bank of New York, March 23, 2020. https://www.newyorkfed.org/markets/opolicy/operating_policy_200323.

注度越來越高。他們希望了解資產負債是否有擴張，如果有，哪類資產的成長幅度最大。這些訊息能讓他們預測未來金融市場的走向。一般來說，如果聯準會擴張其資產負債表，利率將持續走低，股市會創新高。某些信用便利機制過於擁擠，也是市場的某些地方出狀況的信號。

聯準會每週四下午在官網的H.4表上公開揭露資產負債表。H.4表主要包括了商業銀行持有準備金的數額、聯準會持有之公債和機構抵押貸款證券的數額、聯準會特殊信用便利機制的規模，以及外國政府持有的證券數量。

準備金與持有證券：準備金和持有證券是一體兩面，準備金是因應支付聯準會買進有價證券所創造出來的。

聯準會信用便利機制：當市場出現危機時，聯準會提供特殊信用便利機制去支持該市場的運作。2020年新冠疫情期間，聯準會宣布恢復部分2008年金融危機時的便利機制。這些機制每週公布其流通的貸款數額，額度使用的高低可以讓市場人士評估當前市場緊俏的程度。例如，與外國央行之間的匯率交換交易，在當年4月間流通數量躍升到5,000億美元左右；同時間民間企業的匯率交換點數（basis）大幅上揚，美元走強。然而4月過後，聯準會帳上的匯率交換流通數量逐漸下降，境外美元融資的緊俏狀況也稍稍緩解。兩者合併來看，新冠疫情爆發期間，境外美元融資市場非常緊縮，但因為聯準會提供了5,000億美元的流動性，讓緊俏的市場慢慢穩定下來。

外國央行及貨幣當局（Foreign and International Authorities，簡稱FIMA）帳戶：聯準會在疫情爆發期間為外國政府當局如外國央行、外

國政府，以及國際金融組織提供類似銀行的服務。服務項目主要有二：具抵押性質的「支票帳戶」以及這些機構證券的保管業務。抵押性質的「支票帳戶」類似附買回交易，外國政府部門以附買回的方式借錢給聯準會。實務上就像是聯準會拿公債作抵押開立支票帳戶。外國政府部門持有美國公債當做美元準備，賺取較高的利息。而聯準會還扮演了保管這些證券的角色。

　　許多外國政府部門寧願和聯準會往來並持有美元準備，因為與聯準會交易幾乎無風險。不過還是有部門會用一部分的準備金額度與商業銀行往來，因為商業銀行提供的產品組合更多元，利率也更高一些，同時也有分散地緣政治風險的考量。當這些政府部門的公債持有數量下滑時，市場人士便判斷外國央行減碼美債，取回美元以支持自家貨幣市場。

交易平台調查結果

　　交易平台定期會對市場參與者做調查，以了解市場的想法。該調查主要針對初級交易商，也有一些主要的參與者像是全球大型的投資基金[13]。調查的問題包括一般性問題，像是對政策利率的預估、經濟成長率、通貨膨脹、失業率等，有些問題則是有主題，像是當聯準會打算將資產負債表正常化時，就會調查業者對未來準備金水位的預估。

　　調查結果用來試著分析政策被市場定價的程度，公開市場委員會可

---

[13] 調查對象的名單在紐約聯邦準備銀行的網站可找到，像品浩、堡壘避險基金（Citadel）、先鋒（Vanguard）、計量避險基金D.E.蕭（D.E. Shaw）、貝萊德、凱雷集團（The Carlyle Group）等大型基金都名列其中。

據此適時調整行動。有時候市場已經反應某種價格預期，但其實預期相當分散。例如在2020年3月新冠疫情爆發初期，3月3日的聯準會召開臨時緊急會議，調降利率0.5%至1%，後來聯邦基金利率期貨隱含在3月17日正式會議時會再調降0.5%。但當月的交易平台調查卻顯示出預期極為分歧，多數的受訪者預期再降息0.5%，然而也有超過四分之一的受訪者認為會直接降1%到0%。市場的評價反應的是預期的中位數，但事實上極端預期的比例不在少數。這樣的訊息很有用，因為公開市場委員會並不希望給市場太多驚奇因而造成劇烈波動。最後委員會決議降息1%，傳達了鴿派的信號，又不會完全超出市場的預期。

另一個例子是2014年1月，交易平台的調查顯示市場充分預期在下次會議中，將每月購債的金額微降100億美元。在這個基本假設下，公開市場委員會認為不調降購債金額會被視為鴿派訊號，減少幅度超過100億美元則被視為鷹派。最後委員會決議符合市場預期。但如果委員會決議要給市場一點驚奇，無論哪個方向，至少從調查報告中知道幅度多少比較適合。

交易平台調查的問卷，在委員會開會前約二週公布在紐約聯邦準備銀行的官網上，調查結果則是在會議結束後三週公布。問卷題目公布的好處是，可以讓觀察家了解目前委員會感興趣的議題，也有助於解讀聯準會的政策走向。

聯準會研究報告

聯準會各地區分行都各自有一批經濟學博士，會定期公布其研究結

果，有些是以研究報告形式，有些則是放在部落格上。研究報告並不全然代表聯準會官方，比較像是這些學者分享個人意見和公布研究成果的管道。聯準會的規模龐大，組織架構屬於政府體系，因此不難理解會有許多意見相左的地方。聯準會的經濟學家可以接觸到許多重要且機密的資料，因此他們的研究結果能讓大家了解市場的最新發展。研究報告可能無法提供下次公開市場委員會議太多內幕，但多看這些學者的研究有助於自己專業的成長。聯準會有幾個值得看的資料庫：紐約聯邦理事會的自由街經濟學部落格（New York Fed's Liberty Street Economics blog）、聯邦準備理事會的人員手記（FEDS Notes）[14]。另外，聯準會理事每半年的金融情勢報告（Financial Stability Report）也是很棒的出版品，它根據聯準會收集的資料，提供當前金融系統的現況。

聯準會調查結果

聯邦準備銀行和理事會也會進行經濟環境的質量調查。其中有幾個有名的調查，包括褐皮書（Beige Book）以及高級借貸官員的意見調查（Senior Loan Officer Survey）。這些調查結果並不是即時的，但能夠一窺聯準會對經濟的態度。

褐皮書：每年出版八次。褐皮書收集聯邦各地區分行管轄內的企業

---

[14] 譯註：紐約聯邦理事會的自由街經濟學部落格：https://libertystreeteconomics.newyorkfed.org/。

聯邦準備理事會的人員手記：https://www.federalreserve.gov/econres/notes/feds-notes/default.htm。

負責人的意見。聯準會的職員在各地區與當地的企業聯繫，記錄訪談所見，特別是與就業和價格改變相關的資訊。褐皮書補充了聯準會所收集的數據資料，用精簡的文字敘述在區域和產業間的近況。

高級借貸官員的意見調查：每季出版一次。內容是訪問商業銀行的管理階層，幫助聯準會了解信用狀況的變化。由於信用的取得是經濟榮枯的重要指標，聯準會需要掌握目前的借貸市場是偏緊或偏鬆。當銀行收緊貸款標準，系統內的資金流就會減少，對經濟穩定成長不是一件好事。

聯準會將來要做什麼？

聯準會觀察家會綜觀本章所提到的所有文件、會議和調查記錄，整合出對聯準會的想法和未來的作法。

如果只是仔細研讀聯準會所有的資料，確實會了解目前經濟的情況，但卻無法看出可能危機與發生的時間。當危機發生時，有時連聯準會都措手不及。要了解聯準會將來的政策走向，還必須了解金融體系的運作方式、哪個環節可能出問題，以及聯準會可能會用什麼政策工具去修補。如果把本書所提到的觀念融會貫通，並且持續研究聯準會的資料，大家都會成為專業的聯準會觀察家。

---

⑮ 譯註：亦稱「全球央行年會」，每年 8 月底在懷俄明州的傑克森谷地舉行。

新的架構

2020年8月27日，鮑威爾主席在傑克森谷地（Jackson Hole）舉辦的年度經濟政策論壇[⑮] 上宣布新的貨幣政策架構[⑯]。這個架構對於聯準會執行貨幣政策有兩項重要的改變：充分就業的不對稱性，以及平均通貨膨脹目標。

充分就業的不對稱性

就業極大化是聯準會的兩項重要職責之一。為了達到這個目的，過去在聯準會的聲明稿中都會提到，政策決定是因「偏離勞動市場充分就業水平」。意思是當就業市場超過充分就業水平時，政策利率就會調升，反之就會調降。在新宣布的政策聲明中，聯準會宣示將「評估與充分就業間的缺口」來決定貨幣政策。意思是當就業市場超過聯準會估計的充分就業水準時，若仍在容許範圍內，聯準會不一定要立即升息。

鮑威爾主席在演講中指出，政策架構的改變，部分是因為充分就業難以正確估算的性質，以及已經趨平的菲利普曲線。菲利普曲線是結合失業率和通貨膨脹率之間關係的一條曲線，當失業率低時通常通貨膨脹率高，失業率高時通常通貨膨脹率低。當就業市場超過充分就業水平時，通貨膨脹率就會加速升高。然而幾年來兩者的關係並不那麼緊密。

---

⑯ "Federal Open Market Committee Announces Approval of Updates to Its Statement on Longer-Run Goals and Monetary Policy Strategy." Press Release. Board of Governors of the Federal Reserve System, August 27, 2020. https://www.federalreserve.gov/newsevents/pressreleases/monetary20200827a.htm.

2019年失業率降至數十年來低點，大約只有3.5%，但通貨膨脹率依然低於2%。

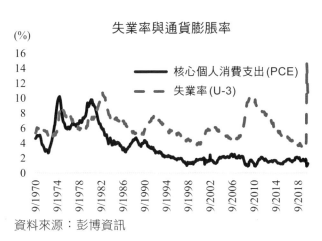

失業率與通貨膨脹率

資料來源：彭博資訊

　　這樣的困境暗示著充分就業水準比聯準會的估計值還要高，或是就業和通膨之間的關係已經改變。無論原因為何，聯準會已不能用過去的政策架構來看就業市場了。因此才宣示低失業率（或是高就業率）已不再是緊縮貨幣政策的因素。

平均通貨膨脹目標

　　聯準會的第二項職責是維持物價穩定，這個職責被量化成以個人消費支出指數（Personal Consumption Expenditure Index，簡稱 PCE Index）年化成長2%為通膨目標。過去十年間，個人消費支出多半在聯準會目標值以下，如此穩定的低通膨讓聯準會不得不改變過去的作法。

　　聯準會正式採用平均通膨目標（Average Inflation Targeting，簡稱

AIT）的架構，過去下行的通膨會被未來衝高的通膨抵消，一段時間的通膨平均將維持在2%。這為聯準會在通膨超過2%的時候仍可以繼續印鈔，這在過去的架構中是做不到的。

政策宣布後批評聲浪不斷。最主要的論點是過去多年聯準會都沒有達到2%的通膨目標，因此未來也不太可能看到太高的通膨來彌補目前的低位。不過，個人消費支出年增率有時候會超過2%，聯準會也曾多次升息，假使聯準會沒升息，或許通膨早就站上2%了。聯準會的新架構在未來幾年可能還看不到什麼成效，但債券市場看起來相當買單。在新架構宣布後，殖利率曲線變陡了，這顯示部分市場人士相信未來通膨將升高。

通膨很大一部分是政治上的選擇。政府只要大肆花錢就能製造出通貨膨脹，相反地政府大幅增稅就能製造出通貨緊縮。聯準會已打定主意讓利率維持低水位，如果聯邦政府決定持續進行赤字預算[17]，未來的高通膨是很有可能的。

現代貨幣理論

現代貨幣理論（Modern Monetary Theory，簡稱MMT）是當前經濟學界的當紅學派，為財政政策的革新奠定了理論基礎[18]。現代貨幣理論

---

[17] 譯註：赤字預算（deficit spending）：指政府大量舉債支出，進行公共工程或社會福利。

[18] 更詳細的資料詳見Kelton, Stephanie. *The Deficit Myth: Modern Monetary Theory and the Birth of the People's Economy* (2020)。

假定政府可以在沒有稅賦和債務的限制下，能夠無限量印鈔，唯一的考量就是通貨膨脹。稅賦和債務只是政府管理通貨膨脹的工具而已。這和傳統經濟學理論大相徑庭，傳統經濟學往往對赤字預算和高債務給予負面評價。

傳統經濟學認為國家就像家庭，目前生活開支超出可負擔額度，以致必須舉債時，代表未來生活會較為拮据。負債高的國家必須增加下一世代的稅賦才能還債，太高的債務負擔會讓投資人要求更高的利率，讓經濟前景更加惡化。奉行這套理論的學派認為，政府赤字是不可取的，最好盡力追求預算平衡。

現代貨幣理論的支持者則認為，政府能夠經由印鈔來融通本身的開支。政府並不需要舉債或課稅來應付支出，但必須用這兩項工具來對抗通貨膨脹。當政府陷入赤字預算時，可以經由印鈔並花在商品與服務上面，藉以加快經濟成長。赤字預算和高額債務並不值得擔心，反而對經濟有好處，只要控制住通貨膨脹就行。

不論是有意或是巧合，現代貨幣理論革命悄悄地散播到世界各地。各國對赤字預算越來越沒有顧忌，也不在乎主權債務負擔。美國的赤字呈現幾何式暴增，2020年已超過3兆美元。中央銀行將這個理論奉為圭臬，將利率壓到低點，並大量買進政府債券來融通政府開支。經濟在這樣大規模的財政刺激之下表現良好，看起來沒有什麼好擔心，因為通貨膨脹仍低，利率也在歷史低位，貨幣市場看起來也很健全。應當作為示警的債市看起來像童話世界般美好。

現代貨幣理論大致上能解釋貨幣系統的運作，但對債市的美好想法卻可能出了大錯。政府預算受限於政府的權力，像是權利法案（Bill of

Right）、三權分立架構，以及憲法。如果捨棄這些條件，政府還能夠無限制地開支，怎麼看都不像是個好主意。

（10億美元） 美國年度聯邦政府赤字
（1901至2020年）

資料來源：聯邦準備銀行經濟資料庫（FRED）

歷史一次又一次地告訴我們，政府官員並沒有比大多數人聰明，也沒有那麼無私。貨幣體系的運作靠的是信心，將長期作為貨幣體系的基石移開，也等於是打開了潛在大災難的大門。

作者簡介

王造（Joseph Wang）

牛津大學經濟學碩士、哥倫比亞大學法學博士，現任Monetary Macro公司首席投資長。曾在紐約聯邦準備銀行公開市場交易室擔任資深交易員長達五年，負責公開市場操作及研究金融系統的內部運作。曾於標準普爾公司擔任信用分析師，並從事法務工作。

聯準會到底在做什麼？

作者	王造Joseph Wang
譯者	唐祖蔭
商周集團執行長	郭奕伶
商業周刊出版部	
責任編輯	林雲
封面設計	winder chen
內頁排版	林婕瀅
校對	呂佳真
出版發行	城邦文化事業股份有限公司-商業周刊
地址	115020 台北市南港區昆陽街16號6樓
	電話：(02)2505-6789　傳真：(02)2503-6399
讀者服務專線	(02)2510-8888
商周集團網站服務信箱	mailbox@bwnet.com.tw
劃撥帳號	50003033
戶名	英屬蓋曼群島商家庭傳媒股份有限公司城邦分公司
網站	www.businessweekly.com.tw
香港發行所	城邦（香港）出版集團有限公司
	香港灣仔駱克道193號東超商業中心1樓
	電話：（852）25086231傳真：（852）25789337
	E-mail：hkcite@biznetvigator.com
製版印刷	中原造像股份有限公司
總經銷	聯合發行股份有限公司 電話：（02）2917-8022
初版1刷	2023年 9 月
初版5刷	2024年 8 月
定價	台幣360元
ISBN	978-626-7366-12-7（平裝）
EISBN	9786267366134（PDF）
	9786267366141（EPUB）

Central Banking 101
Copyright © 2023 by Joseph J Wang
All rights reserved
Chinese translation rights published by arrangement with Business Weekly, a division of Cite
Publishing Limited.

國家圖書館出版品預行編目(CIP)資料

聯準會到底在做什麼？/ 王造（Joseph Wang）著；唐祖蔭
譯. -- 初版. -- 臺北市：城邦文化事業股份有限公司商業周
刊, 2023.09
　面；　公分. --（Central banking；101）
譯自：Central banking 101.

ISBN 978-626-7366-12-7（平裝）

1.CST: 中央銀行　2.CST: 貨幣政策　3.CST: 金融市場
4.CST: 美國
562.4521　　　　　　　　　　　　　　　112013111

藍學堂

學習・奇趣・輕鬆讀